KB260160

가장 쉽고 가장 빠른

지름길 기초 중국어

김철수/박원희/손영아/서승렬/전병억/조성광

정진출판사

저자

김철수 광남고등학교 중국어 교사
박원희 도봉고등학교 중국어 교사
손영아 명덕외국어고등학교 중국어 교사
서승렬 계남고등학교 중국어 교사
전병억 종로산업정보학교 중국어 교사
조성광 고척고등학교 중국어 교사

사진 자료 : 한국경기중등 중국어교육연구회 사진 CD
정보 출처 : www.china.com.cn

가장 쉽고 가장 빠른

지름길 기초 중국어

2004년 6월 20일 초판 1쇄 발행
2007년 2월 10일 　　　 3쇄 발행

지은이 / 김철수 · 박원희 · 손영아
　　　　 서승렬 · 전병억 · 조성광
펴낸이 / 박해성
펴낸곳 / 정진출판사
등　록 / 1989년 12월 20일 제6-95호
주　소 / 136-130 서울시 성북구 하월곡동 10-6
전　화 / 02-917-9900(代) 　 팩　스 / 02-917-9907
홈페이지 / www.jeongjinpub.co.kr

mp3파일 무료 다운로드

ISBN 89-5700-017-8 *13720

＊잘못 만들어진 책은 구입하신 서점에서 교환해 드립니다.
　정가는 책 표지에 표시되어 있습니다.

궁금이 세상에 중국어 교재도 많은데 왜 중국어 교재를 또 만드셨어요?

척척사 그 교재들보다 더 쉬운 중국어 교재를 만들고 싶었답니다.

궁금이 더 쉬운 중국어 교재가 왜 필요한가요?

척척사 지금까지 나와 있는 대부분의 교재는 처음 시작할 때만 쉬워서 초보 학습자들이 중간에 어려움을 겪다가 포기하는 경우가 많답니다. 궁금이의 책꽂이에도 중간 이후에 펼쳐보지 않은 어학 교재가 많이 있을 겁니다. 어려운 교재는 초보자가 선생님 없이 공부하기 어렵거든요. 처음 중국어를 접할 때는 쉬운 중국어 책을 여러 권 보면서 학습하는 것이 효과적입니다.

궁금이 여섯 분의 현직 고등학교 선생님들이 집필하셨는데 이 교재는 고등학생을 대상으로 쓰신 건가요?

척척사 고등학생뿐 아니라 모든 중국어 초보 학습자가 이용하실 수 있습니다.

궁금이 이 책의 장점이 무엇이죠?

척척사 본문과 보충회화의 대화가 두 마디로 구성되어 쉬우면서도 대화의 응용력을 키워주고 회화 능력 향상을 극대화시킬 수 있도록 구성되어 있는 점이랍니다.

궁금이 끝으로 이 교재를 이용하는 효과적인 학습방법을 소개해 주세요.

척척사 본문과 보충회화는 암기를 하시고, 어법적인 설명은 핵심어구 풀이와 문법포인트를 참고하시고, 연습문제와 어휘늘리기를 통하여 실력을 다지고, 쓰기를 통하여 한자 실력도 키우고, 문화학습을 통하여 중국문화를 맛보시면 됩니다.

초보 중국어 학습자가 이 책을 통하여 중국어를 쉽고 부담 없이 접하고 학습할 수 있기를 간절히 기원합니다. 온라인과 멀티미디어 부교재를 통하여 부족한 점은 보완하고 좀 더 효과적으로 학습할 수 있도록 할 계획입니다. 이 책이 나오기까지 수고하신 선생님들과 정진출판사 임직원 여러분 그리고 박해성 사장님께 진심으로 감사드립니다.

2004. 1 저자 일동 씀

차 례

중국어 발음

1. 중국어 발음은 어떻게 구성될까요?

2. 한어병음이란 무엇일까요?

3. 성모를 배워 볼까요?

4. 다음은 운모예요.

5. 마지막으로 성조를 배워 봐요.

6. 때로는 성조가 변한답니다.

자, 한눈에 보이도록 예를 들어 볼게요.

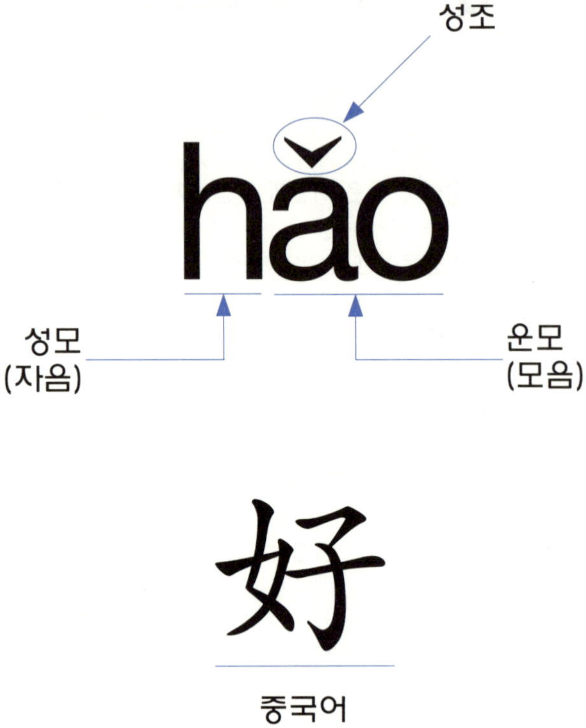

성조

hǎo

성모
(자음)

운모
(모음)

好

중국어

❋ **중국어** 중국은 다민족 국가이므로 엄밀히 따진다면 '중국어' 라는 표현은 틀린 것입니다. 한족(汉族)의 언어인 '한어(汉语)' 라고 하는 것이 정확한 표현입니다. 하지만 본 책에서는 독자의 편의를 위해 '중국어' 로 표기하였습니다.

2. 한어병음이란 무엇일까요?

　중국어 발음을 배우려면 한어병음(汉语拼音)의 뜻을 알아야 된답니다.
　역시 간단하게 정리할 수 있어요. 자, 보세요.

한어병음이란, 1958년에 중국학자들이 제정한 중국어 발음표기 방식으로서 중국어를 보다 쉽게 배우게 하기 위해 라틴자모를 빌어 중국어 음을 표기하는 것입니다.

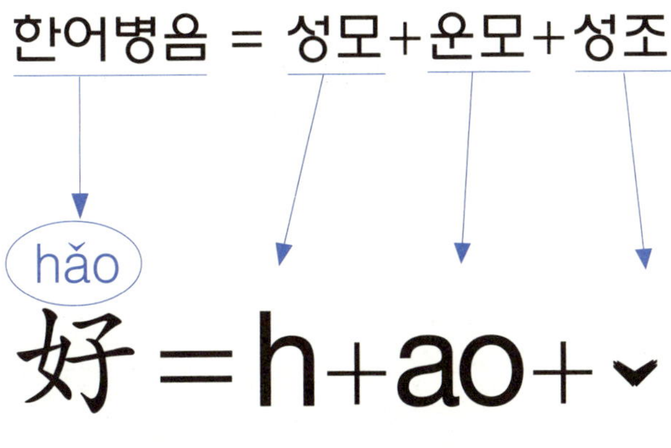

3. 성모(声母)를 배워 볼까요?

성모는 자음에 해당하는 것으로 음절의 첫 부분을 말한답니다. 예를 들면 한어병음 hǎo에서 'h'가 바로 성모인 거죠.

◆ 성모표

b	뽀	g	꺼	zh	즈
p	포	k	커	ch	츠
m	모	h	허	sh	스
f	포	j	지	r	르
d	떠	q	치	z	쯔
t	터	x	시	c	츠
n	너			s	쓰
l	러				

✤ 두 입술로 내는 소리들(쌍순음)

발음을 하면서 병음을 적어 보세요.

b 뽀

b	b	b	b
b	b	b	b

p 포

p	p	p	p
p	p	p	p

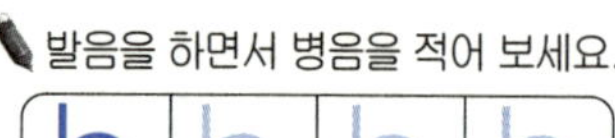

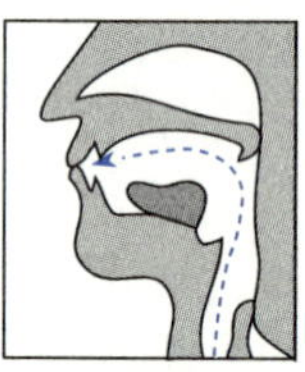

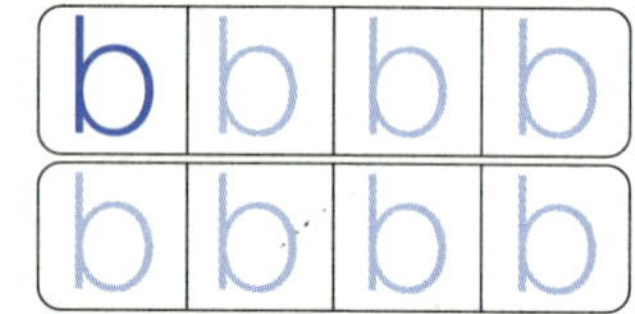

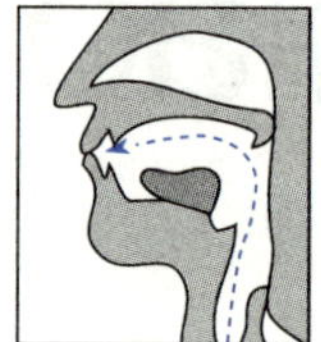

m 모

이 음은 콧소리를 내세요.

m	m	m	m
m	m	m	m

✠ 윗니와 아랫입술로 내는 소리(순치음)

f 포

f	f	f	f
f	f	f	f

✠ 혀끝과 위 잇몸으로 내는 소리들(설첨음)

d 떠

d	d	d	d
d	d	d	d

t 터

t	t	t	t
t	t	t	t

n 너

n	n	n	n
n	n	n	n

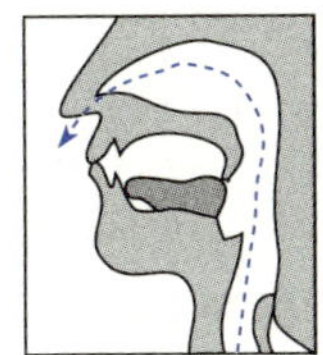

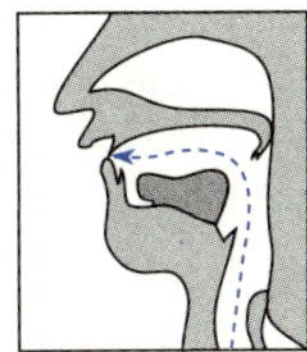

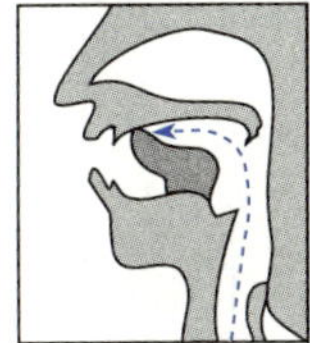

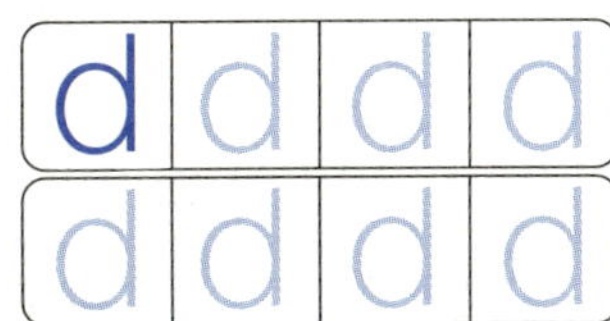

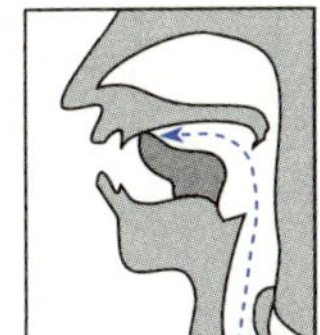

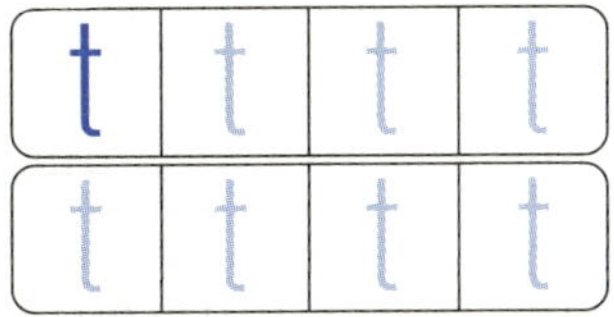

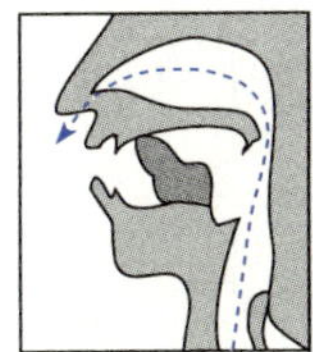

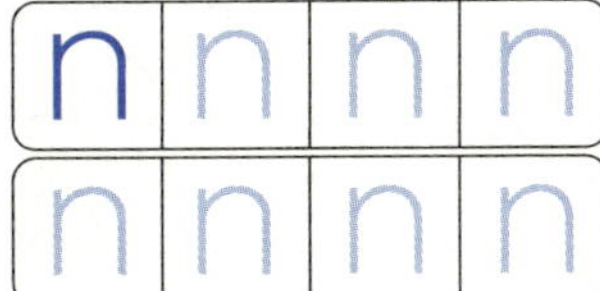

l 러

l	l	l	l
l	l	l	l

✱ 혀뿌리에 힘을 주고 내는 소리들(설근음)

g 꺼

g	g	g	g
g	g	g	g

k 커

k	k	k	k
k	k	k	k

h 허

h	h	h	h
h	h	h	h

✱ 혓바닥과 입천장으로 내는 소리들(설면음)

j 지

j	j	j	j
j	j	j	j

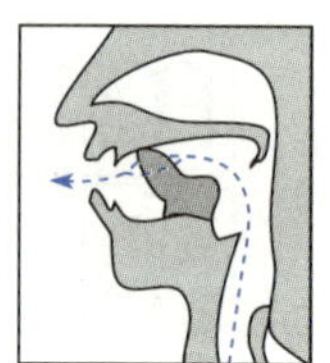

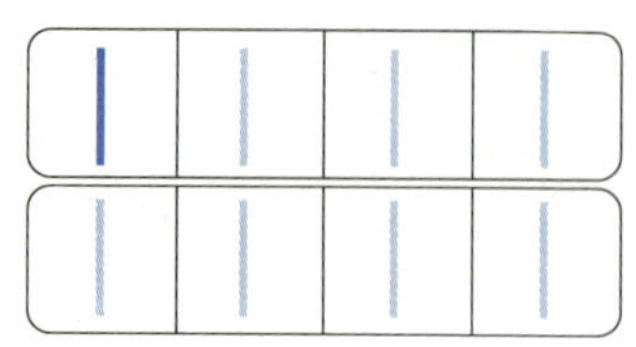

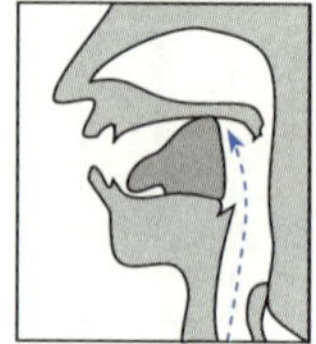

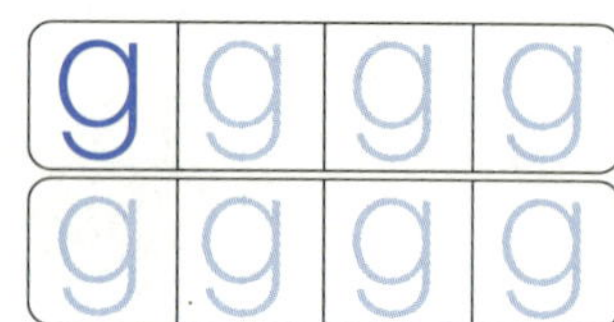

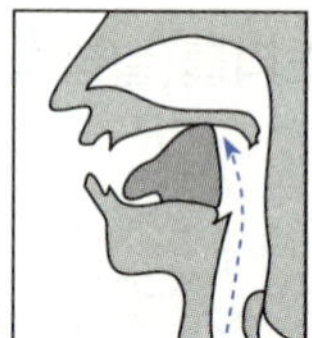

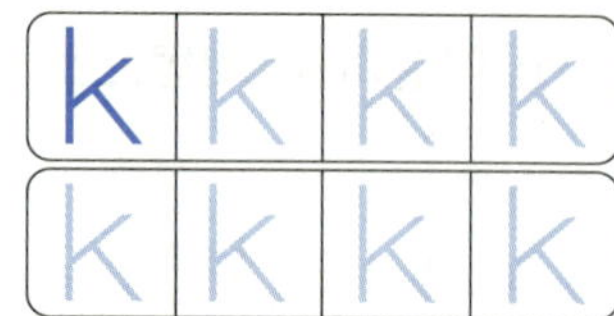

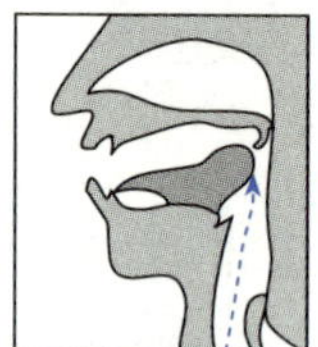

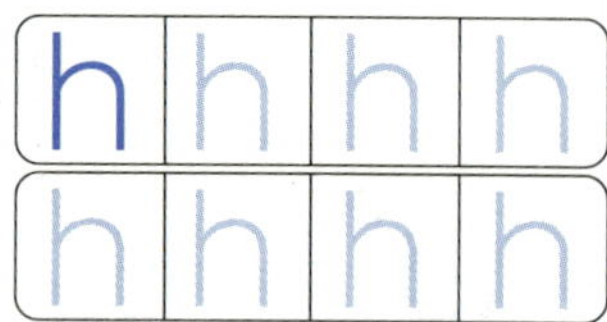

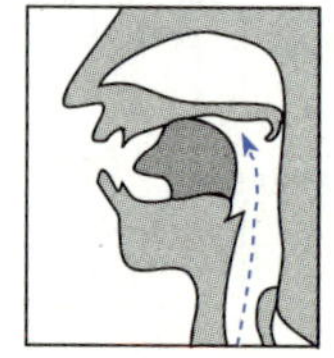

 치

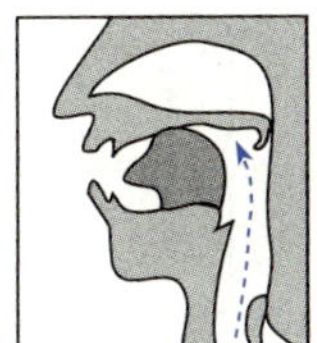

 시

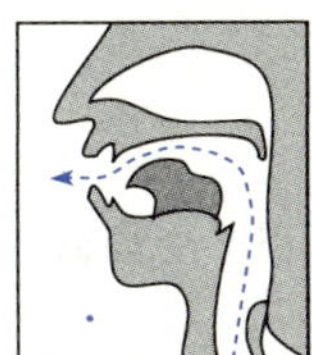

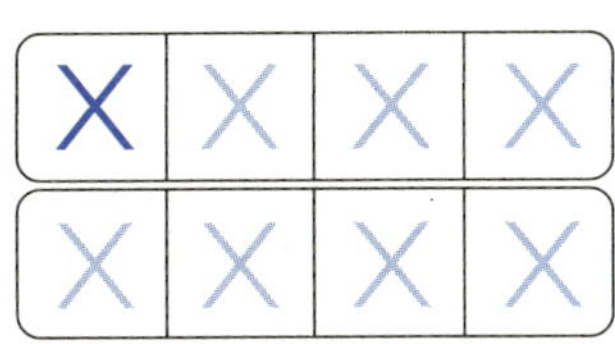

✱ 혀를 위로 말아서 내는 소리들(권설음)

 즈

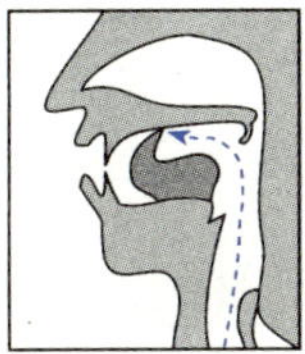

 츠

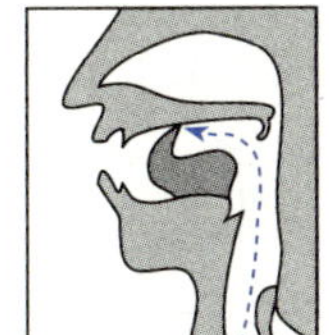

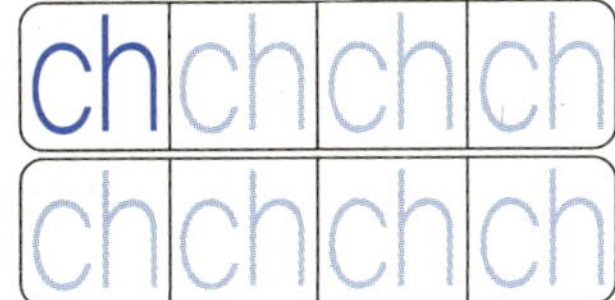

 스

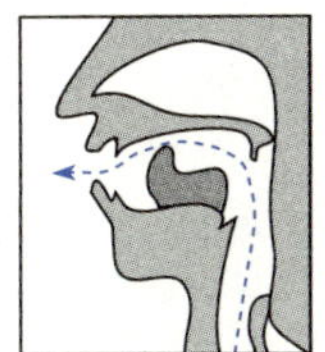

 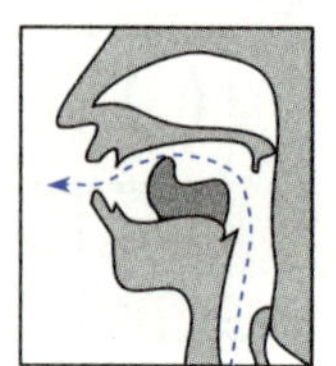 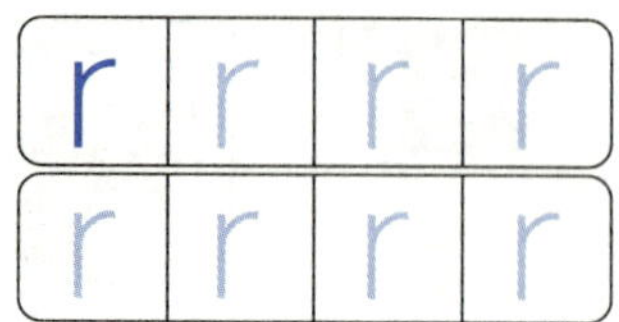

※ 혀끝을 윗니 뒤 벽에 대고 내는 소리들(설치음)

 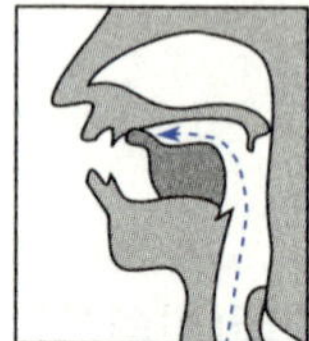 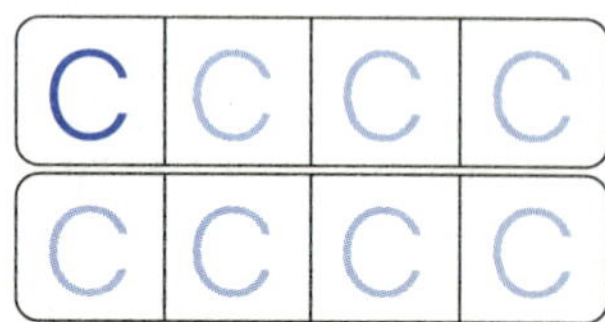

 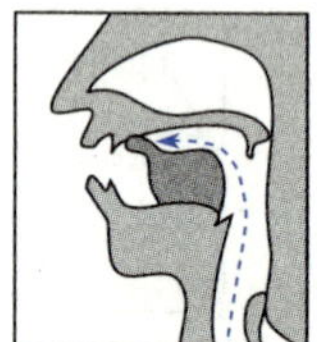

 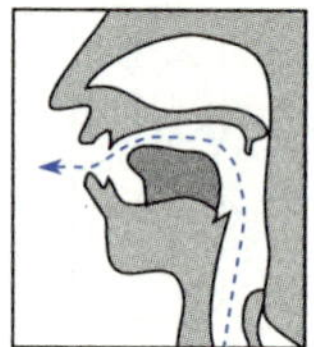 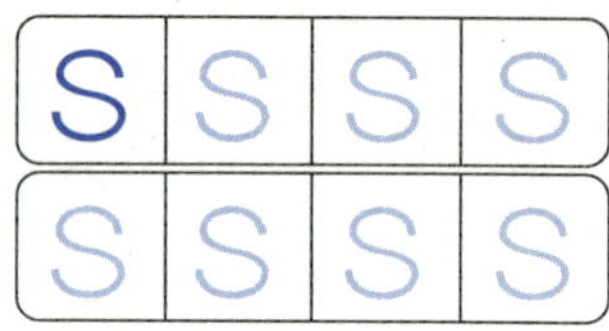

4. 다음은 운모(韻母)예요.

운모는 모음에 해당하는 부분으로서 하나의 음절에서 성모를 제외한 부분을 말한답니다.

한어병음 hǎo에서 'ao'가 바로 운모이겠지요.

◆운모표

a	아	ü	위	an	안
o	오	ai	아이	en	언
e	어/에	ei	에이	ang	앙
i	이	ao	아오	eng	엉
u	우	ou	오우/어우	er	얼

◆주요 모음도

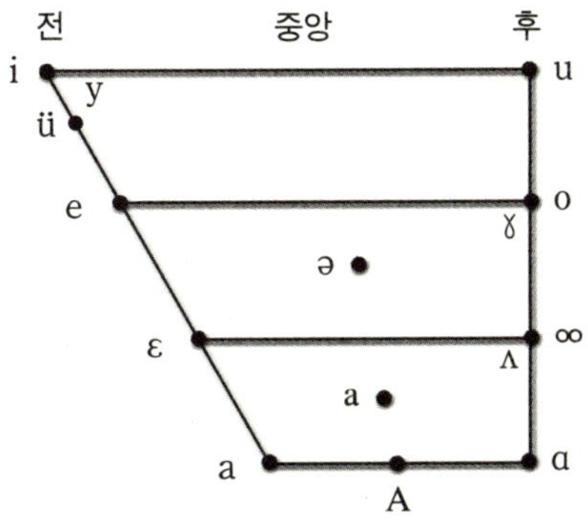

◆ 한어병음 노래

bo po mo fo de te ne le geke he
뽀 포 모 포 떠 터 너 러 꺼 커 허

ji qi xi zhi chishi ri zi ci si
지 치 시 즈 츠스 르 쯔 츠 쓰

i u ü a o e e ai ei
이 우 위 아 오 어 에 아이 에이

ao ou an en ang eng er
아오 어우 안 언 앙 엉 얼

5. 마지막으로 성조를 배워 봐요.

성조(声调)란 음의 고저장단을 말합니다. 우리가 배우려는 현대 북경 중국어는 4개의 성조가 있는데 이것을 '4성'이라고 합니다.

◆ 4성 비교도   표기

1. 제1성   bō   cā   tā   zhōng

고음에서 시작하여 같은 높이로 소리내 봐요. 「솔」에 해당하는 음으로 가장 길고 높은 소리랍니다.

2. 제2성   téng   lái   pá   qíng

중간음에서 시작해 약간 빠른 속도로 고음으로 올리는 음이랍니다. 의아한 것을 반문할 때 내는 「네에~?」와 비슷한 음가랍니다.

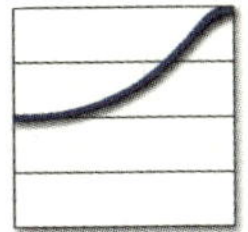

3. 제3성   ǎi   hǎo   wǒ   zǒu

　　중저음에서 시작해 저음으로 내린 다음 다
시 끝을 살짝 올리는 음이랍니다. 가장 낮은
소리로 보면 됩니다. 제3성은 실제 사용에서
반삼성으로 변화하여 쓰이는 경우가 많은데,
반삼성은 제3성의 발음에서 저음 부분까지만
발음하는 것을 말합니다.

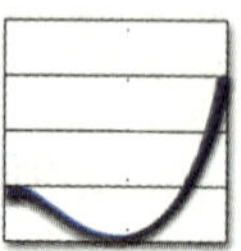

4. 제4성   bàn   dào   tài   yàng

　　고음에서 시작해 급격히 저음으로 하강하는
음이랍니다. 가장 짧은 소리입니다. 기합 넣을
때 「얍!」의 음가로 보면 됩니다.

❝잠깐! 성조 기호를 붙이는 위치는 이렇게 약속했어요.❞

　　성조를 나타내는 기호를 성조 기호라고 하는데, 성조 기호
는 모두 모음 위에 붙이지만, 중국어 기본 모음 외에 'ao, iao'
와 같이 두 개 이상의 모음의 경우, 성조 기호는 아무 곳에
나 붙이는 것이 아니라, 다음의 원칙에 따르고 있어요.

1. 모음이 한 개인 경우에는 그 모음 위에 붙여요.
　　　　nà　　　　wǒ　　　　mǎ

2. 모음이 2개 이상인 경우에는
　　(ㄱ) 'a'가 있으면 'a'의 위에 붙입니다.
　　　　biǎo　　　　chǎo　　　　jiāo

(ㄴ) 'a'가 없으면 'o'나 'e'의 위에 붙이고요.
  shéi   qióng   yuè
(ㄷ) 'iu, ui'는 뒤의 모음 위에 붙인답니다.
  guì   jiù   suì

3. 'i'에 성조 기호를 붙이는 경우에는 'î'와 같이 '˙'를 생략해야 한답니다.

위 설명을 일목요연하게 도식화해 보면 아래와 같습니다.

$$a > o = e > i = u$$

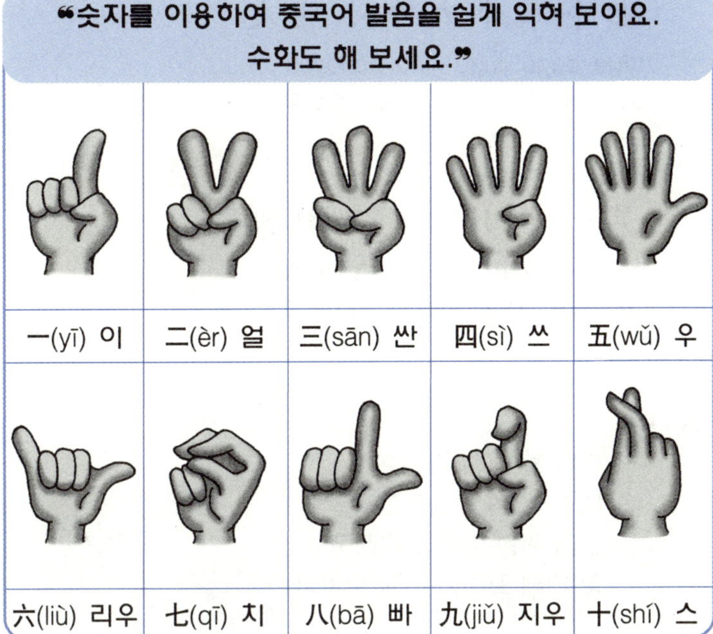

一 个 两 个 三 个 小 朋 友

yīge liǎngge sānge xiǎo péngyou

이거 량거 싼거 샤오 펑여우

四 个 五 个 六 个 小 朋 友

sìge wǔge liùge xiǎo péngyou

쓰거 우거 리우거 샤오 펑여우

七 个 八 个 九 个 小 朋 友

qīge bāge jiǔge xiǎo péngyou

치거 빠거 지우거 샤오 펑여우

第 十 个 小 朋 友 站 起 来

dì shíge xiǎo péngyou zhànqǐlái

띠 스거 샤오 펑여우 쟌치라이

해 석

하나 둘 셋 꼬마친구
넷 다섯 여섯 꼬마친구
일곱 여덟 아홉 꼬마친구
열 번째 꼬마친구 일어납니다.

6. 때로는 성조가 변한답니다.

실제 발음의 편의를 위해서 성조가 변하기도 하는데요, 이러한 현상을 성조의 변화라고 한답니다.

1. 우리가 제일 많이 볼 수 있는 성조의 변화는 제3성입니다. 제3성은 3성 글자가 같이 연이어 나올 때는 앞의 3성이 2성으로 발음됩니다. 또 제3성이 나머지 성조들 앞에 놓일 때는 모두 반3성으로 읽어야 합니다.

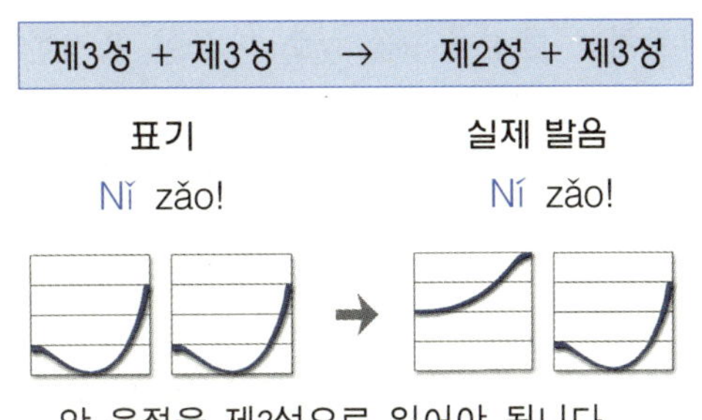

앞 음절을 제2성으로 읽어야 됩니다.

2. 「不 bù」는 본래 4성인데 뒤에 4성 음절이 이어지면 2성으로 변합니다.

不是 → bù를 제2성으로 읽어야 한답니다.
bú shì

3. 「一 yī」는 본래 1성인데 다른 음절이 이어지면 성조가 변합니다. 뒤에 1성, 2성, 3성이 이어지면 4성으로 변하고, 뒤에 4성이 이어지면 2성으로 변한답니다.

一下 → yī를 제2성으로 읽어야 합니다.
yí xià

一起 → yī를 제4성으로 읽어야 합니다.
yì qǐ

◆한어병음 방안의 쓰기와 읽기, 이걸 주의하세요.

1. 쓰기 때 주의점

앞에 성모가 없이 모음으로 음절이 시작될 때는 그 표기법이 다소 달라집니다.

① i로 시작하는 음절은 i를 y로 바꾸어 표기한다.

    단, 음절 중 i 모음만 있으면, i를 yi로 바꾸어 표기한다.

        ia → ya   i → yi

② u로 시작하는 음절은 u를 w로 바꾸어 표기한다.

        uo → wo

    단, 음절 중 u 모음만 있으면, u를 wu로 바꾸어 표기한다.

        u → wu

③ ü로 시작하는 음절은 ü를 yu로 바꾸어 표기한다.

        üe → yue

    또 ü는 j, q, x, y 뒤에서는 위의 두 점을 떼어버리고 u를 쓴다.   jü → ju

2. 읽기 때 주의점

복모음은 모음이 두 개 이상 합쳐져서 된 모음으로, 모두 부드럽게 이어서 발음해야 해요. 한어병음 방안에서 주의하여 읽어야 할 모음은 e, i, u입니다.

① e : 단독 혹은 성모의 뒤와 n, ng의 앞에서는 '어'로 읽고 i의 앞뒤와 u의 뒤에서는 '에'로 읽는다.

② i : z, c, s와 zh, ch, sh, r의 뒤에서는 '으'로 읽고, 그 밖의 성모 뒤에서는 '이'로 읽는다.

③ ü : j, q, x, y의 뒤에서는 '위'로 발음하고, 그 밖의 경우에는 '우'로 발음된다.

1. 인 사

●본문의 한글 발음은 편의상 적어 놓은 것입니다. 최대한 비슷하게 표기하였으나 실제 중국어 발음과는 많은 차이가 있으니 정확한 발음은 녹음 테이프의 중국인 발음을 참고하세요.
●중국어 발음과 가깝도록 표기한 것이므로 '외래어 표기 규정'에 의거한 표기와는 다를 수 있습니다.

Part 1

안녕!

☑ 아래 대화의 장면을 연상하면서 10번 반복해서 읽어 봅시다.

1 2 3 4 5 6 7 8 9 10

王先生 **你 好!**
Nǐ hǎo!
니 하오

金先生 **你 好!**
Nǐ hǎo!
니 하오

짱짱 두 마디로 배우는 중국어

어휘풀이

王 Wáng 몡 왕(씨)
先生 xiānsheng 몡 ~씨(Mr.), 선생
你 nǐ 때 너, 당신
好 hǎo 혱 좋다
金 Jīn 몡 김(씨)

해석

왕 선생 : 안녕!
김 선생 : 안녕!

핵 심 어 구 설 명

● 「你好!」는 중국에서 가장 널리 쓰이는 인사말이다. 「你好!」
로 물으면 「你好!」로 대답한다.

● 「先生」은 성인 남자에 대한 호칭으로, 「王先生」은 왕씨 성
을 가진 성인 남자를 지칭하고, 「金先生」은 김씨 성을 가진
성인 남자를 지칭하는 말이다. 학생을 가르치는 '교사'의
의미는 없다.

王先生好!

Wáng xiānsheng hǎo!

왕 선생, 안녕하세요!

보 충 회 화

A : 您 好!　　　안녕하세요!

Nín hǎo!

B : 您 好!　　　안녕하세요!

Nín hǎo!

*「您」은 「你」의 존칭어이다.

Part 2

잘 지내시죠?

☑ 아래 대화의 장면을 연상하면서 10번 반복해서 읽어 봅시다.

1️⃣ 2️⃣ 3️⃣ 4️⃣ 5️⃣ 6️⃣ 7️⃣ 8️⃣ 9️⃣ 🔟

王先生 **你好吗？**
Nǐ hǎo ma?
니 하오 마

金先生 **我很好，谢谢！**
Wǒ hěn hǎo, xièxie!
워 헌 하오, 씨에시에

✏ 어휘풀이

吗 ma ㉿ ~입니까(의문 어기 조사)
我 wǒ ㉯ 나, 저
很 hěn ㉰ 아주, 매우
谢谢 xièxie 〈상투어〉 감사합니다, 고맙습니다

해 석

왕 선생 : 잘 지내시죠?
김 선생 : 저는 잘 지냅니다. 고마워요!

핵 심 어 구 설 명

● 「你好吗?」는 친숙한 사람과 인사를 나눌 때 쓰는 표현이다. 「你好!」는 처음 만나는 사람이나 혹은 아는 사람들끼리 주고받는 가벼운 인사말이고, 「你好吗?」는 주로 아는 사람들 사이에 '별고 없습니까?, 건강하십니까?' 의 뜻으로 묻는 인사말이다.

● 진술문 끝에 의문 어기 조사 「吗」를 붙이면 의문문이 된다.

你忙吗?　　Nǐ máng ma?　　당신 바빠요?

● 「谢谢!」는 상대방에게 감사함을 표현하는 말로 뒤에 감사하는 대상을 붙여서 사용할 수 있다.

谢谢你!　　Xièxie nǐ!　　감사합니다!

보 충 회 화

A : 你好吗?　　잘 지내시는지요?
　　Nǐ hǎo ma?

B : 很好, 你呢?　　잘 지내고 있습니다. 당신은요?
　　Hěn hǎo, nǐ ne?

A : 我也很好。　　저도 잘 지냅니다.
　　Wǒ yě hěn hǎo.

---

*忙　máng　⑱ 바쁘다　　也　yě　⑭ ~도

선생님, 안녕하세요!

☑ 아래 대화의 장면을 연상하면서 10번 반복해서 읽어 봅시다.

① ② ③ ④ ⑤ ⑥ ⑦ ⑧ ⑨ ⑩

学生 　**老师好!**
　　　Lǎoshī hǎo!
　　　라오스 하오

老师 　**大家好!**
　　　Dàjiā hǎo!
　　　따지아 하오

✎ 어휘풀이

学生 　xuésheng 　명 학생
老师 　lǎoshī 　명 선생님, 교사
大家 　dàjiā 　명 여러분, 모두

해 석

학　생 : 선생님, 안녕하세요!
선생님 : 여러분, 안녕!

핵심어구 설명

● 「老师」는 학생을 가르치는 '선생님(教師)'의 뜻이고, 「先生」은 성인 남자를 부르는 호칭으로 '~씨, Mr.'의 뜻이다.

谢谢老师!

Xièxie lǎoshī!

선생님, 감사합니다.

王先生, 你好!

Wáng xiānsheng, nǐ hǎo!

왕 선생, 안녕하세요!

● 「大家」는 '모두, 여러분'의 뜻으로 일정한 범위 안의 모든 사람을 가리킨다.

보충회화

A : 王同学好!　　　　왕 동학, 안녕!

Wáng tóngxué hǎo!

B : 金同学好!　　　　김 동학, 안녕!

Jīn tóngxué hǎo!

---

*同学　tóngxué　몡 동창, 학우, 동급생

Part 4

● 좋은 아침입니다!

☑ 아래 대화의 장면을 연상하면서 10번 반복해서 읽어 봅시다.
1 2 3 4 5 6 7 8 9 10

王先生　**早!**
Zǎo!
자오

金先生　**早!**
Zǎo!
자오

팡팡 두 마디로 배우는 중국어

✎ 어휘풀이 ●

先生 xiānsheng 명 ～씨, 선생
金 Jīn 명 김(씨)
早 zǎo 안녕하세요(아침 인사말)

해석
왕 선생 : 좋은 아침입니다!
김 선생 : 좋은 아침입니다!

핵심어구 설명

● 「早」는 일상적인 아침 인사말이다.

老师早!
Lǎoshī zǎo!
선생님, 안녕하세요!

您早!
Nín zǎo!
안녕하세요!

「早上」은 '아침'의 뜻이다.

早上好!
Zǎoshang hǎo!
안녕하세요?(아침 인사)

보 충 회 화

A : 金先生, 早安!　　김 선생, 안녕하세요?
Jīn xiānsheng, zǎo'ān!

B : 王先生, 早安!　　왕 선생, 안녕하세요?
Wáng xiāsheng, zǎo'ān!

***早安**　zǎo'ān　안녕하세요?(아침 인사)

● 요즘 어때요?

☑ 아래 대화의 장면을 연상하면서 10번 반복해서 읽어 봅시다.

① ② ③ ④ ⑤ ⑥ ⑦ ⑧ ⑨ ⑩

张先生　**最近怎么样?**
Zuìjìn zěnmeyàng?
쭈에이진 쩐머양

金先生　**很好。**
Hěn hǎo.
헌 하오

✎ 어휘풀이 ●─────────────

张　Zhāng　圀 장(씨)
最近　zuìjìn　圀 요즈음, 최근
怎么样　zěnmeyàng　㊁ 어떠냐
很　hěn　㊁ 매우, 아주

해 석

장 선생 : 요즘 어때요?
김 선생 : 아주 좋아요.

핵 심 어 구 설 명

● 「最近怎么样?」은 아는 사람끼리 하는 인사말로, '요즘 어떻습니까?' 의 뜻이다. 「最近」을 「近来 jìnlái 근래」로 바꾸어 표현할 수 있다.

　　近来怎么样? (=最近怎么样?)
　　Jìnlái zěnmeyàng?
　　요즘 어때요?

● 「怎么样?」은 상황이 어떤지를 묻는 말이다.

　　身体怎么样?
　　Shēntǐ zěnmeyàng?
　　건강은 좀 어떠세요?

 ## 보 충 회 화

A : 这几天怎么样?　　　요즘 어때요?
　　Zhè jǐ tiān zěnmeyàng?

B : 很好, 谢谢。你呢?　　아주 좋아요. 감사합니다.
　　Hěn hǎo, xièxie. Nǐ ne?　　당신은?

A : 我也很好。　　　　　　저도 아주 좋아요.
　　Wǒ yě hěn hǎo.

---

　*呢　ne　㊩ ~는요?(의문), 상황의 단정
　几　jǐ　㊟ 몇(주로 10 이하의 확실하지 않은 수를 물을 때)

Part 6

● 오래간만입니다!

☑ 아래 대화의 장면을 연상하면서 10번 반복해서 읽어 봅시다.

① ② ③ ④ ⑤ ⑥ ⑦ ⑧ ⑨ ⑩

金先生　　**好久不见!**
Hǎo jiǔ bú jiàn!
하오 지우 부 지엔!

李先生　　**好久不见!**
Hǎo jiǔ bú jiàn!
하오 지우 부 지엔!

팡팡 두 마디로 배우는 중국어

✎ **어휘풀이**

好　hǎo　(부) 매우
久　jiǔ　(부) 오랫동안
不　bù　(부) ~아니다
见　jiàn　(동) 만나다

해 석

김 선생 : 오래간만입니다.
이 선생 : 오래간만입니다.

핵 심 어 구 설 명

● 「好久不见!」은 아는 사람끼리 오랜만에 만났을 때 흔히 쓰는 인사말이다.

好久没见!(=好久不见!)
Hǎo jiǔ méi jiàn!
오랜만입니다!

很久没见!(=很久不见!)
Hěn jiǔ méi jiàn!
오랜만입니다!

보 충 회 화

A : 好久没见了! 最近怎么样?

Hǎo jiǔ méi jiàn le! Zuìjìn zěnmeyàng?
오래간만입니다. 요즘 어때요?

B : 很好。

Hěn hǎo.
잘 지냅니다.

---

*没 méi 통조 '没有'의 의미로 '없다', '…하지 않았다'의 뜻

●인칭 대사

	단 수	복 수	경 칭
제1인칭	我(wǒ) 나	我们(wǒmen) 우리들	
제2인칭	你(nǐ) 너, 당신	你们(nǐmen) 당신들	您(nín) 당신
제3인칭	他(tā) 그 사람	他们(tāmen) 그들	
	她(tā) 그녀	她们(tāmen) 그녀들	
	它(tā) 그것, 저것	它们(tāmen) 그것들	

●형용사 술어문

술어가 형용사로 되어 있는 문형을 말한다.
1) 형용사는 단독으로 술어가 될 수 있다.

你好！　　　Nǐ hǎo!　　　　　안녕하세요!

2) 형용사 술어는 「很」이나 「太 tài 대단히」 등 부사의 수식
을 받을 수 있다.

我很好。　　Wǒ hěn hǎo.　　　저는 아주 좋아요.

3) 부정은 형용사 앞에 「不」를 붙인다.

我不忙。　　Wǒ bù máng.　　　저는 바쁘지 않아요.

我不好。　　Wǒ bù hǎo.　　　저는 좋지 않아요.

만화로 익히는 연습문제

➡ 다음 대화를 한어병음으로 완성해 보세요.

1

A : Nǐ hǎo!
B : (　　　　　)!

2

A : Nǐ hǎo ma?
B : (　　　　　), xièxie!

3

A : Lǎoshī hǎo!
B : (　　　　　)!

4

A : Zuìjìn (　　　　　)?
B : Hěn hǎo.

정 답

1. Nǐ hǎo　　**2.** Wǒ hěn hǎo　　**3.** Dàjiā hǎo　　**4.** Zěnmeyàng

Bǔchōng cíhuì

我爱你。 Wǒ ài nǐ.
당신을 사랑합니다.

生日快乐。 Shēngrì kuàilè.
생일 축하합니다.

欢迎光临。 Huānyíng guānglín.
어서 오세요.

恭喜恭喜。 Gōngxǐ gōngxǐ.
축하합니다.

중국어로 써 봅시다

你	你 你						

ノ イ イ' イ'' イ'' 你 你　nǐ　[니]

好	好 好						

く 夕 女 女' 好 好　hǎo　[호]

很	很 很						

彳 彳 彳 彳 很 很 很　hěn　[흔]

谢	谢 谢						

讠 讠 讠 谢 谢 谢 谢　xiè　[謝 사]

师	师 师						

丿 リ リ 师 师 师　shī　[師 사]

学	学 学						

丷 丷 丷 屵 学 学 学　xué　[學 학]

样	样 样						

一 十 才 木 样 样 样 样　yàng　[樣 양]

吗	吗 吗						

丨 口 口 吗 吗　ma　[嗎 마]

几	几 几						

丿 几　jǐ　[幾 기]

见	见 见						

丨 冂 贝 见　jiàn　[見 견]

중국어 상식

궁금이 : 중국어를 잘하는 비결이 뭐예요.

척척사 : 중국을 이해하고, 중국어의 중요성을 인식하고, 중국어
의 특성을 알고 체계적인 공부를 하는 것입니다.

궁금이 : 중국은 어떤 나라예요?

척척사 : 땅이 넓은 나라랍니다. 우리 남한의 100배에 가까운 960
만 제곱킬로미터의 넓은 땅을 가지고 있는 나라죠. 인
구도 12억이 넘는 세계 최대의 소비 시장을 가진 나라
라는 것을 꼭 기억해 두세요.

궁금이 : 중국인과 조선족만 살고 있나요?

척척이 : 땅도 넓고, 인구도 많다 보니 인종도 많아서 56개 민족
이 있답니다. 그 중에 한족이 92%인데 우리가 말하는
중국인이 바로 이들이죠.

궁금이 : 모두들 그 어려운 한자를 쓰고, 같은 언어를 사용하나
요?

척척사 : 원래 민족마다 글자나 언어가 다르지만, 언어는 '보통
화(普通话 pǔtōnghuà)'라는 북경어를 중심으로 하는 공
통어를 쓰고, 한자는 '간체자'를 쓰고 있답니다.

궁금이 : 그럼 보통화만 배우면 되겠네요?

척척사 : 그럼요. 중국은 지방 방언이 한국과 비교할 수 없을 정
도로 심하지만 보통화만 하면 여행을 하거나 사업을 하
는 데 큰 불편이 없답니다.

궁금이 : 간체자가 뭐예요?

척척사 : 어렵고 복잡한 한자를 쉽고 간결하게 고친 글자입니다.

	한자(번체자)	간체자
만	萬	万
억	億	亿

간단하죠! 그래서 간체자랍니다.

2. 소개(1)

당신 성이 무엇입니까?

☑ 아래 대화의 장면을 연상하면서 10번 반복해서 읽어 봅시다.

1 2 3 4 5 6 7 8 9 10

金先生　**您贵姓?**
Nín guì xìng?
닌 꿰이 씽

王先生　**我姓王, 叫王志成。**
Wǒ xìng Wáng, jiào Wáng Zhìchéng.
워 씽 왕, 지아오 왕 즈청

팡팡 두 마디로 배우는 중국어

✎ 어휘풀이

贵　guì　형 존경의 뜻을 나타내는 말, 귀하다
姓　xìng　명 성(씨)
叫　jiào　동 (이름을) ~부르다
王志成　Wáng Zhìchéng　인명　왕지성

해석

김 선생 : 당신 성이 무엇입니까?
왕 선생 : 저는 왕 씨입니다. 왕지성이라고 합니다.

핵심어구 설명

● 「您贵姓?」은 상대방의 성씨를 물을 때 쓰는 말이다. 대답을 할 때는 보통 성씨와 함께 이름까지 말을 한다.

● 「贵」는 존경과 겸손을 나타내는 표현으로, '귀교(贵校)'와 같이 상대방의 학교를 높여 말하거나, '귀사(贵社)'나 '귀국(贵国)'과 같이 상대방의 회사 혹은 나라를 높여서 말할 때 쓰는 말이다.

请问, 您贵姓?

Qǐng wèn, nín guì xìng?

실례지만, 당신의 성은 어떻게 되시는지요?

보충회화

A : 你姓什么?

Nǐ xìng shénme?

네 성이 뭐니?

B : 我姓王, 叫王小龙。

Wǒ xìng Wáng, jiào Wáng Xiǎolóng.

나는 왕 씨야. 왕소룡이라고 해.

---

* '你姓什么?' 는 자기 또래나 자기보다 어린 사람의 성을 물을 때 쓰는 말이다.

什么　shénme　㈐ 무엇, 의문을 나타냄

당신 이름은 무엇입니까?

☑ 아래 대화의 장면을 연상하면서 10번 반복해서 읽어 봅시다.

1 2 3 4 5 6 7 8 9 10

金先生　**你叫什么名字?**
Nǐ jiào shénme míngzi?
니 지아오 션머 밍쯔

王先生　**我叫王小平。**
Wǒ jiào Wáng Xiǎopíng.
워 지아오 왕 샤오핑

팡팡 두 마디로 배우는 중국어

✎ 어휘풀이

叫　jiào　동 (이름을) ~라 부르다
什么　shénme　대 무엇, 무슨
名字　míngzi　명 이름
王小平　Wáng Xiǎopíng　인명　왕소평

해석

김 선생 : 당신의 이름은 무엇입니까?
왕 선생 : 저는 왕소평이라고 합니다.

핵심어구 설명

● 「什么」와 같은 의문 대사가 있는 의문문에는 의문 어기 조사 「吗」를 쓰지 않는다.

这是什么？(○)　　这是什么吗？(×)
Zhè shì shénme?
이것이 뭐니?

你要什么？(○)　　你要什么吗？(×)
Nǐ yào shénme?
너 무엇을 원하니?

보충 회화

A : 你是谁？　　　　　너 누구니?
　　Nǐ shì shéi?

B : 我是王小平。　　　나는 왕소평이야.
　　Wǒ shì Wáng Xiǎopíng.

---

*谁 shéi (대) 누구　　　　是 shì (동) ~이다

당신은 올해 몇 살입니까?

☑ 아래 대화의 장면을 연상하면서 10번 반복해서 읽어 봅시다.

1 2 3 4 5 6 7 8 9 10

金先生　**你今年多大了？**
Nǐ jīnnián duō dà le?
니 찐니엔 뚜오 따 러

王先生　**我今年二十三岁。**
Wǒ jīnnián èrshí sān suì.
워 찐니엔 얼스 싼 쒜이

짱짱 두 마디로 배우는 중국어

🖋 **어휘풀이**

今年　jīnnián　명 올해

多　duō　부 얼마나

大　dà　형 (수량이) 많다

多大　duōdà　(나이가) 얼마인가

岁　suì　명 살, 세(나이를 세는 단위)

해석

김 선생 : 당신은 올해 몇 살입니까?
왕 선생 : 저는 올해 23세입니다.

핵심어구 설명

● 「你多大了?」는 동년배나 젊은 사람의 나이를 묻는 표현이다. 「多大年纪」라는 표현을 써도 된다. 어른의 나이를 물을 때는 「多大岁数」라고 한다.

你多大年纪了? (=你多大了?)
Nǐ duō dà niánjì le?
나이가 어떻게 되시죠?

他多大岁数?
Tā duō dà suì shǔ?
그분은 연세가 어떻게 되십니까?

● 아이에게 나이를 물을 때는 「几岁 jǐ suì」를 쓴다.

你几岁了?
Nǐ jǐ suì le?
너 몇 살이니?

보충회화

A : 你几岁了?　　　　　너 몇 살이니?
Nǐ jǐ suì le?

B : 六岁。　　　　　　　여섯 살이야.
Liù suì.

Part 4

몇 식구입니까?

☑ 아래 대화의 장면을 연상하면서 10번 반복해서 읽어 봅시다.

① ② ③ ④ ⑤ ⑥ ⑦ ⑧ ⑨ ⑩

金大明　**你家有几口人？**
Nǐ jiā yǒu jǐ kǒu rén?
니 지아 여우 지 커우 런 ?

王小美　**四口人。**
Sì kǒu rén.
쓰 커우 런

어휘풀이

家　jiā　몡　집
有　yǒu　동　있다, ~을 가지고 있다
几　jǐ　대　몇
口　kǒu　양　식구
人　rén　몡　사람

해석

김대명 : 너희 집은 몇 식구니?
왕소미 : 네 식구야.

핵심어구 설명

● 「口」는 식구 수를 세는 말이다.

五口人
wǔ kǒu rén
다섯 식구

我家有五口人。
Wǒ jiā yǒu wǔ kǒu rén.
저희 집은 다섯 식구입니다.

보충회화

A : 你家有什么人？
Nǐ jiā yǒu shénme rén?
당신 집에는 식구들이 누구누구 계세요?

B : 我家有爸爸, 妈妈和一个哥哥。
Wǒ jiā yǒu bàba, māma hé yí ge gēge.
저는 아버지, 어머니와 형님 한 분이 계십니다.

---

*爸爸　bàba　명 아빠, 아버지

妈妈　māma　명 엄마, 어머니

哥哥　gēge　명 형, 오빠

● 어디에 살아요?

☑ 아래 대화의 장면을 연상하면서 10번 반복해서 읽어 봅시다.

1️⃣ 2️⃣ 3️⃣ 4️⃣ 5️⃣ 6️⃣ 7️⃣ 8️⃣ 9️⃣ 🔟

金大明　**你住在哪儿？**
Nǐ zhù zài nǎr?
니 쭈 짜이 날

王小美　**我住在上海。**
Wǒ zhù zài Shànghǎi.
워 쭈 짜이 샹하이.

짱짱 두 마디로 배우는 중국어

🖊 어휘풀이 ●

住　zhù　⑧ 살다
在　zài　㉐ ～에(장소)
哪儿　nǎr　㉗ 어디, 어느 곳
上海　Shànghǎi　⑲ 상하이

해 석

김대명 : 당신은 어디에 살아요?
왕소미 : 저는 상하이에 살아요.

핵심어구 설명

● 다음은 '너 어디 사니?' 하고 거처를 물을 때 쓰는 표현들이다.

你住哪儿？
Nǐ zhù nǎr?

你住在哪儿？
Nǐ zhù zài nǎr?

你住在什么地方？
Nǐ zhù zài shénme dìfang?

*地方(dìfang)：곳, 장소

보충회화

A : 你是哪里人？　　　당신은 어디 사람입니까?
　　Nǐ shì nǎli rén?

B : 我是北京人。　　　나는 베이징 사람입니다.
　　Wǒ shì Běijīng rén.

---

*「哪里 nǎli」는「哪儿 nǎr」과 같은 뜻이다.
北京　Běijīng　몡 베이징

● 의문 대사

　의문 대사는 의문을 표시할 때 사용하는 대사이다. 의문 대사를 사용하여 의문문을 만들 경우, 의문 어기 조사 '吗'를 쓰지 않는 것에 주의해야 한다.

1) **什么**(shénme) : 무엇, 어떤

2) **谁**(shéi) : 누구, 어느 분

3) **哪**(nǎ) : 어느 것, 어떤

4) **哪里**(nǎli), **哪儿**(nǎr) : 어느 곳, 어디

5) **怎么**(zěnme) : 왜, 어떻게

6) **怎么样**(zěnmeyàng) : 어떠한, 어떤지

7) **什么地方**(shénme dìfang) : 어디, 어떤 곳

8) **什么时候**(shénme shíhou) : 언제

9) **为什么**(wèi shénme) : 왜, 무엇 때문에

10) **几**(jǐ) : 몇(10 미만의 작은 숫자)

11) **多少**(duōshao) : 얼마, 어느 정도(10 이상의 큰 숫자)

만화로 익히는 연습문제

➡ 다음 대화를 중국어로 완성해 보세요.

1

2

3

4

정답

1. 叫   2. 你几岁   3. 口   4. 在

Bǔchōng cíhuì

 韩国　Hánguó　한국

 中国　Zhōngguó　중국

 日本　Rìběn　일본

 新加坡　Xīnjiāpō　싱가포르

 法国　Fǎguó　프랑스

 德国　Déguó　독일

 美国　Měiguó　미국

 巴西　Bāxī　브라질

英国　Yīngguó　영국　　西班牙　Xībānyá　스페인
意大利　Yìdàlì　이탈리아　　泰国　Tàiguó　태국
印度　Yìndù　인도　　喀麦隆　Kāmàilóng　카메룬
加拿大　Jiānádà　캐나다　　墨西哥　Mòxīgē　멕시코

중국어로 써 봅시다

| 您 | 您 您 | | | | | |

亻 亻 亻 亻 你 您 您　nín　　　　　　　　　[이]

| 贵 | 贵 贵 | | | | | |

丶 口 中 虫 串 弗 贵　guì　　　　　　　　　[貴 귀]

| 姓 | 姓 姓 | | | | | |

乚 乄 女 女 妒 妒 姓　xìng　　　　　　　　[성]

| 我 | 我 我 | | | | | |

丿 一 于 手 我 我 我　wǒ　　　　　　　　　[아]

| 谁 | 谁 谁 | | | | | |

丶 讠 讠 计 诽 谁 谁 谁　shéi　　　　　　[誰 수]

| 岁 | 岁 岁 | | | | | |

丨 山 山 少 岁 岁　suì　　　　　　　　　　[歲 세]

| 爸 | 爸 爸 | | | | | |

八 少 父 爷 爷 爸 爸　bà　　　　　　　　　[파]

| 妈 | 妈 妈 | | | | | |

乚 乄 女 妈 妈 妈　mā　　　　　　　　　　[媽 마]

| 韩 | 韩 韩 | | | | | |

一 十 古 古 直 乾 韩　Hán　　　　　　　　[韓 한]

| 国 | 国 国 | | | | | |

丨 冂 冂 月 囯 国 国　guó　　　　　　　　[國 국]

1. 중국어 상식

궁금이 : 중국어의 특성은 뭐죠?

척척사 : 어려운 질문이군요. 그래도 간단히 짚고 넘어갈까요.

    첫째 : 하나의 뜻을 지닌 한 글자가 한 음절인 경우가 많다.

    둘째 : 어미의 변화가 없고, 조사의 쓰임이 적다. 그래서 어순이 중요하다.

    셋째 : 음의 높낮이가 있다.

궁금이 : 중국어가 어렵다고 하던데…….

척척사 : 천부당만부당한 말씀입니다. 미국인, 독일인, 프랑스인, 아랍인, 인도인, 아프리카인, 남미인 등 세계 각국의 사람들이 중국어를 배우는 것에 비하면 우리는 누워서 떡 먹기죠.

    <쉬운 이유>

1. 한자를 읽을 때 우리말과 중국어는 독음이 똑같든지 자음 부분이나 모음 부분이 반드시 같다.
2. 우리는 한자 문화권에 살고 있다. 한자를 서양인이 보면 그림이고, 우리가 보면 글자다.

2. 중국인의 성씨

중국인에는 '장(张 Zhāng)', '왕(王 Wáng)', '이(李 Lǐ)', '조(赵 Zhào)'와 같은 340여 개의 단성(单姓)이 있고, '제갈(诸葛 Zhūgě)', '구양(欧阳 Ōuyáng)'과 같은 60여 개의 복성(复姓)이 있다. 그 중에 '张, 王, 李, 赵'씨 성을 가진 사람들이 많은 편이다.

3. 소개(2)

그는 누구입니까?

☑ 아래 대화의 장면을 연상하면서 10번 반복해서 읽어 봅시다.

1 2 3 4 5 6 7 8 9 10

王先生
他是谁?
Tā shì shéi?
타 스 세이

朴先生
他是我的朋友。
Tā shì wǒ de péngyou.
타 스 워 더 펑여우

✎ 어휘풀이

是 shì 동 ~이다
谁 shéi 대 누구
的 de 조 ~의
朋友 péngyou 명 친구

해 석

왕 선생 : 그는 누구입니까?
박 선생 : 그는 나의 친구입니다.

핵심어구 설명

● 「的」는 조사로서 소유를 표시하며, '～의'로 해석한다.

谁是你的朋友?
Shéi shì nǐ de péngyou?
누가 당신의 친구입니까?

这是我的书。
Zhè shì wǒ de shū.
이것은 저의 책입니다.

보충회화

A : 我介绍一下, 这是我的朋友。
Wǒ jièshào yíxià, zhè shì wǒ de péngyou.
제가 소개 좀 하겠습니다. 이 사람은 제 친구입니다.

B : 欢迎你!
Huānyíng nǐ!
환영합니다!

---

*介绍 jièshào 통 소개하다　　一下 yíxià 명 좀, 잠시
欢迎 huānyíng 통 환영하다

당신을 알게 되어 매우 기쁩니다.

☑ 아래 대화의 장면을 연상하면서 10번 반복해서 읽어 봅시다.

①②③④⑤⑥⑦⑧⑨⑩

王先生　认识你很高兴!
　　　　Rènshi nǐ hěn gāoxìng!
　　　　런스 니 헌 까오싱

金先生　我也很高兴。
　　　　Wǒ yě hěn gāoxìng.
　　　　워 예 헌 까오싱

어휘풀이

认识　rènshi　(동) 알다
很　hěn　(부) 아주, 매우
高兴　gāoxìng　(형) 기쁘다
也　yě　(부) 또한, ～도

해 석

왕 선생 : 당신을 알게 되어 매우 기쁩니다.
김 선생 : 저도 매우 기쁩니다.

핵심어구 설명

● 「认识」는 동사로 '알다'라는 뜻인데, 「认识你很高兴」이라고 하면 처음 소개받았을 때 하는 인사말로, '당신을 알게 되어 매우 반갑습니다'라는 뜻이 된다.

> 我认识他。
> Wǒ rènshi tā.
> 나는 그를 알아요.

● 「认识你很高兴」은 다음과 같이 바꾸어 표현할 수 있다.

> 见到你很高兴。
> Jiàndào nǐ hěn gāoxìng.
> 당신을 뵙게 되어 정말 기쁩니다.

보충회화

A : 很高兴见到你们。
　　Hěn gāoxìng jiàn dào nǐmen.
　　당신들을 만나게 되어 매우 기쁩니다.

B : 我也很高兴。
　　Wǒ yě hěn gāoxìng.
　　저도 매우 기쁩니다.

---

*见到 jiàn dào 🛢 만나다

당신의 오빠는 무슨 일을 하십니까?

☑ 아래 대화의 장면을 연상하면서 10번 반복해서 읽어 봅시다.

① ② ③ ④ ⑤ ⑥ ⑦ ⑧ ⑨ ⑩

金同学　**你哥哥做什么工作？**
Nǐ gēge zuò shénme gōngzuò?
니 꺼거 쭈오 션머 꿍쭈오

李同学　**我哥哥是医生。**
Wǒ gēge shì yīshēng.
워 꺼거 스 이성

✎ **어휘풀이**

哥哥　gēge　몡 형, 오빠
做　zuò　동 하다
工作　gōngzuò　몡동 직업, 일하다
医生　yīshēng　몡 의사

해석

김 학우 : 당신 형[오빠]은 무슨 일을 하십니까?
이 학우 : 우리 형[오빠]은 의사입니다.

핵 심 어 구 설 명

● 「工作」는 '일하다'라는 뜻이다. 「做什么工作?」라고 하면 '무슨 일을 하십니까?'라는 말로 직업을 묻는 표현이다.

你妈妈做什么工作?

Nǐ māma zuò shénme gōngzuò?

너의 어머니께서는 무슨 일을 하시니?

你在哪儿工作?

Nǐ zài nǎr gōngzuò?

당신은 어디에서 일하십니까?

보 충 회 화

A : 你爸爸在哪儿工作?

Nǐ bàba zài nǎr gōngzuò?

너의 아버지께서는 어디서 일하시니?

B : 我爸爸在医院工作。

Wǒ bàba zài yīyuàn gōngzuò.

우리 아버지께서는 병원에서 일하셔.

---

*医院 yīyuàn 몡 병원

당신은 몇째입니까?

☑ 아래 대화의 장면을 연상하면서 10번 반복해서 읽어 봅시다.

1 2 3 4 5 6 7 8 9 10

王先生　**你排行第几？**
Nǐ páiháng dì jǐ?
니 파이항 띠 지

金先生　**我排行老幺。**
Wǒ páiháng lǎoyāo.
워 파이항 라오야오

짱짱 두 마디로 배우는 중국어

✏ **어휘풀이**

排行　páiháng　명 형제 자매의 순서
第　dì　접두 수사 앞에 쓰여 차례를 나타냄
老幺　lǎoyāo　명 막내

해석

왕 선생 : 당신은 몇 째입니까?
김 선생 : 저는 막내입니다.

핵심어구 설명

● 「老」 뒤에 几, 大, 幺, 숫자 二…十이 오면 형제·자매의 항렬을 나타내는 표현이다.

老几	lǎojǐ	몇째
老大	lǎodà	맏이
老二	lǎoèr	둘째
老三	lǎosān	셋째
老幺	lǎoyāo	막내

보충회화

A : 你是老几?　　　　너는 몇째니?
　　Nǐ shì lǎojǐ?

B : 我是老大。　　　　나는 맏이야.
　　Wǒ shì lǎodà.

● **당신은 무슨 띠입니까?**

☑ 아래 대화의 장면을 연상하면서 10번 반복해서 읽어 봅시다.

1 2 3 4 5 6 7 8 9 10

金先生　**你是属什么的？**
Nǐ shì shǔ shénme de?
니 스 수 션머 더

王先生　**我是属龙的。**
Wǒ shì shǔ lóng de.
워 스 수 롱 더

짱짱 두 마디로 배우는 중국어

✎ **어휘풀이**

属　shǔ　⑧ ～띠이다(간지로 나이를 나타낼 때)
什么　shénme　⑭ 무엇
龙　lóng　⑲ 용

해석

김 선생 : 당신은 무슨 띠입니까?
왕 선생 : 저는 용띠입니다.

핵심어구 설명

● 십이지의 열두 동물

(老)鼠	(lǎo)shǔ	쥐
牛	niú	소
(老)虎	(lǎo)hǔ	호랑이
兔(子)	tù(zi)	토끼
龙	lóng	용
蛇	shé	뱀
马	mǎ	말
羊	yáng	양
猴(子)	hóu(zi)	원숭이
鸡	jī	닭
狗	gǒu	개
猪	zhū	돼지

보충 회화

A : 你是什么星座的?　　너 별자리가 뭐니?

Nǐ shì shénme xīngzuò de?

B : 我是双鱼座的。　　나 물고기자리야.

Wǒ shì shuāngyúzuò de.

---

*星座　xīngzuò　명 별자리

双鱼座　shuāngyúzuò　명 물고기자리

● 지시 대사

사람·사물	这(zhè) 이, 이것
	那(nà) 그, 그것, 저, 저것
장 소	这里(zhèli), 这儿(zhèr) 이곳, 여기
	那里(nàli), 那儿(nàr) 그곳, 거기, 저곳, 저기
시 간	这会儿(zhèhuìr) 이때, 지금
	那会儿(nàhuìr) 그때
방식·정도	这么(zhème), 这样(zhèyàng) 이렇게
	那么(nàme), 那样(nàyàng) 그렇게, 저렇게
복 수	这些(zhèxiē) 이것들
	那些(nàxiē) 저것들

● 的의 용법

1) ~의
   我的书　　　　　　wǒ de shū　　　　　　나의 책

2) 사람
   开车的　　　　　　kāichēde　　　　　　　운전기사

3) ~것
   这是我的。　　　　Zhè shì wǒ de.　　　　이것은 나의 것입니다.

4) 是~的 강조 용법
   他是昨天来的。　　Tā shì zuótiān lái de. 그는 어제 왔습니다.

만화로 익히는 연습문제

➡ 다음 대화를 중국어로 완성해 보세요.

1

A : 他是(　　)?
B : 我介绍一下，
　　这是我的朋友。

2

A : 认识你很高兴!
B : 我也很(　　)。

3

A : 你爸爸做什么工作?
B : 他是(　　)。

4

A : 你在哪儿工作?
B : 我在医院(　　)。

정 답

1. 谁　2. 高兴　3. 医生　4. 工作

Bǔchōng cíhuì

歌星 gēxīng
가수

司机 sījī
운전기사

厨师 chúshī
요리사

科学家 kēxuéjiā
과학자

公安 gōng'ān
경찰관

公务员 gōnwùyuán 공무원　　农夫 nóngfū 농부
护士 hùshi 간호사　　　　律师 lǜshī 변호사
演员 yǎnyuán 배우　　　　记者 jìzhě 기자
导游 dǎoyóu 여행 가이드
公司职员 gōngsī zhíyuán 회사원

중국어로 써 봅시다

认	认	认						

`丶讠认认` rèn　　　　　[認 인]

识	识	识						

`丶讠讥识识识识` shí　　　　[識 식]

介	介	介						

`丿人个介介` jiè　　　　　[개]

绍	绍	绍						

`乙幺纟纟纫纫绍绍` shào　　　[紹 소]

高	高	高						

`丶亠古古高高高高` gāo　　　[고]

兴	兴	兴						

`丶丷丷兴兴兴` xìng　　　　[興 흥]

医	医	医						

`一丆丆丆医医医` yī　　　　　[醫 의]

们	们	们						

`丿亻亻亻们们` men　　　　　[們 문]

属	属	属						

`丆尸尸尸屌属属` shǔ　　　　[屬 속]

龙	龙	龙						

`一ナ尤龙龙` lóng　　　　　[龍 용]

중국의 인구와 민족

궁금이 : 모든 중국인이 함께 오줌을 싸면 홍수가 나고 동시에
발을 구르면 지구가 흔들린다는 농담을 하며 중국의 인
구가 많다는 표현을 하는데 중국의 인구는 도대체 얼마
나 되나요?

척척사 : 대략 12억 7천만 명 정도 됩니다. 세계 인구의 1/4에 육
박하는 셈이죠. 게다가 연평균 인구 성장률이 1.2%이니
한해 1,500만 명 이상이 증가하는 셈이죠. 우리나라 인
구를 4,500만으로 계산하면 3년 만에 우리나라 인구만
큼 증가하는 셈이랍니다.

궁금이 : 중국의 인구가 많아서 좋은 점과 나쁜 점이 무엇이죠?

척척사 : 좋은 점은 경제 활동 인구가 많아서 세계 경제의 중심
을 이루는 것이죠. 생산 시설을 중국으로 이전하는 이
유가 바로 인구 때문에 생산과 소비가 원활하다는 좋은
점을 활용하고자 하는 것이랍니다. 나쁜 점은 환경 파
괴가 심해지고 식량 사정이나, 주거 환경과 사회 복지,
교육 환경 등이 열악해지는 것이죠. 결국에는 큰 문제
가 될 수 있기 때문에 산아제한을 하는 것입니다.

궁금이 : 중국은 산아제한을 어떻게 하죠?

척척사 : 한 가정에 한 자녀만 갖도록 하고 있습니다. 장애아를
낳았을 때만 한 명을 더 낳을 수 있지요. 그러나 소수민
족은 두 자녀를 가질 수 있답니다.

궁금이 : 소수민족이 뭐예요?

척척사 : 중국에 사는 사람들 중에 약 8.4% 정도의 한족과 언어
와 문자 그리고 생김새가 다른 사람들을 말합니다. 조
선족도 그 중에 하나입니다.

4. 감사 · 사양 · 사과 표현

Part 1

천만에요!

☑ 아래 대화의 장면을 연상하면서 10번 반복해서 읽어 봅시다.

1️⃣ 2️⃣ 3️⃣ 4️⃣ 5️⃣ 6️⃣ 7️⃣ 8️⃣ 9️⃣ 🔟

学 生　　**谢谢!**
　　　　　Xièxie!
　　　　　씨에시에

老 师　　**不客气！**
　　　　　Bú kèqi!
　　　　　부커치

✏ 어휘풀이

老师　lǎoshī　몡　선생님(교사)
不　bù　뷔　~이 아니다
客气　kèqi　톙　예의바른, 겸손하다
不客气　bú kèqi　천만에, 별말씀을(상대방의 감사함에 대한 답변)

해석

학 생 : 감사합니다.
선생님 : 천만에!

핵 심 어 구 설 명

🔵 「谢谢」는 감사함을 표현하는 말이다.

> 谢谢您!
> Xièxie nín!
> 당신께 감사드립니다.
>
> 谢谢你们!
> Xièxie nǐmen!
> 여러분께 감사드립니다.

🔵 「不客气」는 상황에 따라서 의미의 차이가 있다. 상대방에게 '사양하지 마세요'의 뜻으로 말할 수도 있으며 '사양하지 않겠습니다'의 뜻으로 말할 수도 있다. 또, 상대방이 '고맙습니다'라고 말할 때 '뭘요, 천만에요'라는 대답도 된다.

보 충 회 화

A : 谢谢你!　　　　　　고맙습니다.
　　Xièxie nǐ!

B : 不谢!　　　　　　　고마워하실 것 없습니다.
　　Bú xiè!

*「不谢 búxiè」상대방의 말을 부정하여 겸손을 나타낼 때 하는 인사말

Part 2

미안합니다!

☑ 아래 대화의 장면을 연상하면서 10번 반복해서 읽어 봅시다.

1 2 3 4 5 6 7 8 9 10

金小姐　**对不起!**
Duì bu qǐ!
뛔이 부 치

王小姐　**没关系!**
Méi guānxi!
메이 꾸안씨

어휘풀이

小姐　xiǎojie　ⓜ 아가씨, ~양, Miss
对不起　duì bu qǐ　미안합니다
没　méi　ⓟ ~않다(행위·사실 따위를 부정함)
关系　guānxi　ⓜ 관계, 관련

해석

김 양 : 미안합니다.
왕 양 : 괜찮습니다.

핵심 어구 설명

● 「对不起」는 '미안합니다'란 사과의 말이다.

我对不起你。
Wǒ duì bu qǐ nǐ.
당신을 볼 낯도 없습니다.(정중한 표현)

抱歉!(= 对不起)
Bàoqiàn!
미안합니다.

● 「对不起」의 대답으로 「没事儿」이라고도 한다.

没事儿!
Méi shìr!
괜찮습니다.

보충회화

A : 对不起, 打扰你了。
Duì buqǐ, dǎrǎo nǐ le.
미안합니다. 많은 폐를 끼쳤습니다.

B : 没关系。
Méi guānxi.
괜찮습니다.

*打扰 dǎrǎo 동 폐를 끼치다

부끄럽습니다.

☑ 아래 대화의 장면을 연상하면서 10번 반복해서 읽어 봅시다.

① ② ③ ④ ⑤ ⑥ ⑦ ⑧ ⑨ ⑩

朴小姐　**不好意思!**
Bù hǎoyìsi!
뿌　하오이쓰

张小姐　**没事儿!**
Méi shìr!
메이 셜[스얼]

✏ 어휘풀이

朴　Piáo　명 박(씨)

意思　yìsi　명 기분, 뜻, 의미

不好意思　bù hǎoyìsi　부끄럽다, 계면쩍다

张　Zhāng　명 장(씨)

没　méi　부 없다

事　shì　명 일

해석

박 양 : 부끄럽습니다.
장 양 : 괜찮습니다.

핵심어구 설명

● 「不好意思」는 부끄럽거나 계면쩍을 때 쓰는 표현이며, 인정이나 체면상 어떤 일을 하기 불편하거나 하지 못하는 것을 말한다.

A : 不好意思, 麻烦您了！

Bù hǎoyìsi, máfan nín le!

당신을 귀찮게 해서 면목이 없습니다.

B : 没什么, 别客气！

Méi shénme, bié kèqi!

천만에요. 미안해하지 마세요.

보충회화

A : 不好意思, 给你添麻烦了！

Bù hǎoyìsi, gěi nǐ tiān máfan le!

미안합니다, 당신을 번거롭게 해드렸습니다.

B : 不客气！

Bú kèqi!

천만에 말씀이십니다.

---

*添 tiān 동 보태다, 더하다, 덧붙이다
给 gěi 동 주다
麻烦 máfan 형 귀찮다, 성가시다, 번거롭다
客气 kèqi 명 예의가 바르다, 정중하다, 사양하다

Part 4

수고하셨습니다!

☑ 아래 대화의 장면을 연상하면서 10번 반복해서 읽어 봅시다.

1 2 3 4 5 6 7 8 9 10

朴小姐 　**辛苦了!**
Xīnkǔ le!
신쿠러

王小姐 　**哪里哪里!**
Nǎli nǎli!
나리 나리

짱짱 두 마디로 배우는 중국어

어휘풀이

小姐　xiǎojie　명 아가씨, ~양(Miss)
辛苦　xīnkǔ　명동 고생, 수고(하다)
哪里　nǎli　천만에, 별말씀을

해석

박 양 : 수고하셨습니다!
왕 양 : 천만에요!

핵심어구 설명

● 「辛苦了!」는 '수고하셨습니다'란 뜻으로 상대를 격려하거나 위로할 때 사용하는 말이다.

> 大家辛苦了!
> Dàjiā xīnkǔ le!
> 여러분, 수고하셨습니다!

> 姐姐辛苦了!
> Jiějie xīnkǔ le!
> 누나, 수고했어요!

보충 회화

A : 学生们都辛苦了!
Xuéshengmen dōu xīnkǔ le!
학생 여러분, 모두 수고하셨습니다.

B : 老师也辛苦了!
Lǎoshī yě xīnkǔ le!
선생님께서도 수고하셨습니다.

---

*都 dōu 🕮 모두, 다
也 yě 🕮 ~도 또한, 그리고 또, 게다가

● 在와 有의 비교

「在 zài」는 사람이나 사물이 어떤 장소에 존재함을 나타내
며,「有 yǒu」는 어떤 장소에 사람이나 사물이 존재함을 의미
한다.

1) 在 : (~가) ~에 있다

사람 · 사물＋在＋장소

他在北京。
Tā zài Běijīng.
그는 베이징에 있습니다.

他在公园。
Tā zài gōngyuán.
그는 공원에 있습니다.

2) 有 : (~에) ~가 있다

장소＋有＋사람 · 사물

我们学校有一位中文老师。
Wǒmen xuéxiào yǒu yí wèi Zhōngwén lǎoshī.
우리 학교에는 중국어 선생님이 한 분 계십니다.

家里有妈妈。
Jiāli yǒu māma.
집에 어머니가 계십니다.

만화로 익히는 연습문제

➡ 다음 대화를 중국어로 완성해 보세요.

1

A : 谢谢你！
B : (　　　)！

2

A : (　　　)！
B : 没关系！

3

A : 对不起, 打扰你了。
B : (　　　)。

4

A : 辛苦了。
B : (　　　)！

정 답

1. 不谢　　2. 对不起　　3. 不客气　　4. 哪里哪里

Bǔchōng cíhuì

敦煌 Dūnhuáng 뚠황

西安 Xī'ān 씨안

北京 Běijīng 베이징

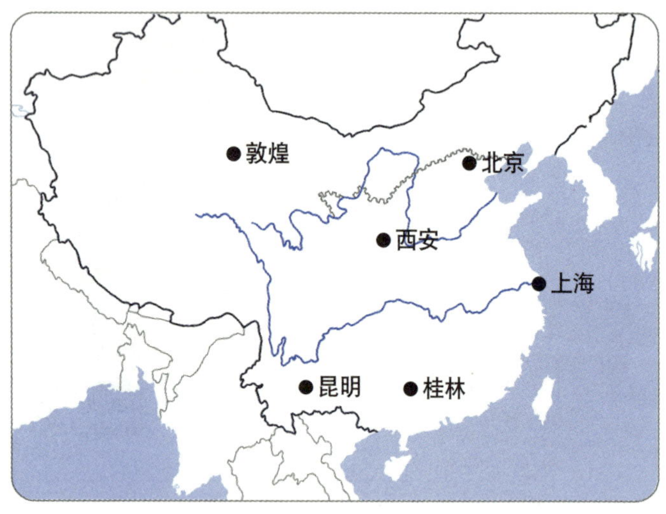

昆明 Kùnmíng 쿤밍　桂林 Guìlín 꿰이린　上海 Shànghǎi 상하이

중국어로 써 봅시다

客	客	客					
宀宀宀宝安客客　kè　　　　　　　　[객]

气	气	气					
丿丿乞气　　qì　　　　　　　　　[氣 기]

对	对	对					
フ又对对对　　duì　　　　　　　　[對 대]

关	关	关					
丶丷丷꠹关关　　guān　　　　　　　[關 관]

系	系	系					
一工至玄至系系系　xì　　　　　　[係 계]

打	打	打					
一十扌扌打打　　dǎ　　　　　　　[타]

张	张	张					
丶丆弓弘弘张张　zhāng　　　　　[張 장]

给	给	给					
乡纟纩纩给给给　gěi　　　　　　　[給 급]

麻	麻	麻					
一广广疒庥麻麻　má　　　　　　　[마]

请	请	请					
丶讠讠讠讠请请　qǐng　　　　　　[請 청]

중국 차(茶)를 마시면 살이 빠지나요?

궁금이 : 중국 茶를 마시면 살이 빠지나요?

척척사 : 절대 아닙니다. 中国茶는 약이 아닙니다. 장사꾼들이 돈을 벌기 위해 침소봉대(针小棒大)한 것입니다.

궁금이 : 그럼 중국인들은 왜 그렇게 茶를 많이 마시지요?

척척사 : 지금은 습관처럼 茶를 마시지만 처음에는 물맛을 좋게 하기 위해 茶를 이용한 것 같습니다. 끓인 맹물보다 숭늉이나 보리차가 맛있듯이 茶를 넣어 마시면 맛과 향도 좋고 영양분도 얻을 수 있으니 일거양득(一举两得)이죠. 중국에는 석회수가 많은데 석회수는 반드시 끓여 먹어야 합니다. 그냥 마시면 배탈이 나거든요.

궁금이 : 그럼 어떤 茶가 좋은가요?

척척사 : 사람마다 취향이 다르답니다. 향을 좋아하는 사람은 화차(花茶 huāchá)를 마시고, 담백한 맛을 즐기려면 녹차(绿茶 lǜchá)를 마시고, 짙고 그윽한 맛을 즐기려면 오룡차(乌龙茶 wūlóngchá)를 마신답니다. 花茶는 모리화차(茉莉花茶)가 유명하고, 乌龙茶는 철관음(铁观音)이 유명하고, 绿茶는 용정차(龙井茶 lóngjǐngchá)가 유명합니다.

5. 날짜 · 요일 · 시간

오늘은 며칠입니까?

☑ 아래 대화의 장면을 연상하면서 10번 반복해서 읽어 봅시다.

1 2 3 4 5 6 7 8 9 10

王小龙　**今天几号?**
Jīntiān jǐ hào?
찐티엔 지 하오

金大明　**今天二十九号。**
Jīntiān èrshí jiǔ hào.
찐티엔 얼스 지우 하오

✏ 어휘풀이

今天　jīntiān　몡 오늘
几　jǐ　대 몇
号　hào　몡 일(日)
几号　jǐ hào　며칠

해석

왕소룡 : 오늘은 며칠입니까?
김대명 : 오늘은 29일입니다.

핵심어구 설명

● 「几号?」는 '며칠입니까?'의 뜻이다.

明天几号?

Míngtiān jǐ hào?

내일은 며칠입니까?

● '년 · 월 · 일 · 요일 · 날씨 · 시각 · 가격 · 연령 · 출신지' 등을 나타낼 때는 동사 '是'를 생략할 수 있다.

明天(是)三十号。

Míngtiān (shì) sān shí hào.

내일은 30일입니다.

보충회화

A : 今天几月几号?　오늘은 몇 월 며칠입니까?

Jīntiān jǐ yuè jǐ hào?

B : 今天五月九号。　오늘은 5월 9일입니다.

Jīntiān wǔ yuè jiǔ hào.

---

*月　yuè　명 월

오늘은 무슨 요일입니까?

☑ 아래 대화의 장면을 연상하면서 10번 반복해서 읽어 봅시다.

1 2 3 4 5 6 7 8 9 10

王小龙 **今天星期几？**
Jīntiān xīngqī jǐ?
찐티엔 씽치 지

金大明 **今天星期一。**
Jīntiān xīngqīyī.
찐티엔 씽치이

팡팡 두 마디로 배우는 중국어

✎ **어휘풀이**

星期 xīngqī 몡 주, 요일
几 jǐ 대 몇(10 이하의 확실하지 않은 수를 물을 때 사용)
今天 jīntiān 몡 오늘
星期一 xīngqīyī 몡 월요일

해석

왕소룡 : 오늘은 무슨 요일입니까?
김대명 : 오늘은 월요일입니다.

핵심 어구 설명

● 요일 표현은 「星期 xīngqī」 또는 「礼拜 lǐbài」의 뒤에 수사 '一'부터 '六'까지를 써서 표현한다.

월요일	星期一(xīngqīyī) = 礼拜一(lǐbàiyī)
화요일	星期二(xīngqī'èr) = 礼拜二(lǐbài'èr)
수요일	星期三(xīngqīsān) = 礼拜三(lǐbàisān)
목요일	星期四(xīngqīsì) = 礼拜四(lǐbàisì)
금요일	星期五(xīngqīwǔ) = 礼拜五(lǐbàiwǔ)
토요일	星期六(xīngqīliù) = 礼拜六(lǐbàiliù)
일요일	星期天(xīngqītiān) = 星期日(xīngqīrì)
	= 礼拜天(lǐbàitiān) = 礼拜日(lǐbàirì)

보충회화

A : 这个星期天是几月几号？

Zhè ge xīngqītiān shì jǐ yuè jǐ hào?

이번 일요일은 몇 월 며칠입니까?

B : 这个星期天是五月十二号。

Zhè ge xīngqītiān shì wǔ yuè shí'èr hào.

이번 일요일은 5월 12일입니다.

지금 몇 시입니까?

☑ 아래 대화의 장면을 연상하면서 10번 반복해서 읽어 봅시다.

1 2 3 4 5 6 7 8 9 10

王小龙　**现在几点了？**
Xiànzài jǐ diǎn le?
시엔짜이 지 디엔 러

金大明　**差一刻十二点。**
Chà yí kè shí'èr diǎn.
차 이 커 스얼 디엔

팡팡 두 마디로 배우는 중국어

✎ 어휘풀이

现在　xiànzài　몡 지금, 현재
点　diǎn　몡 시(時)
差　chà　휑 부족하다
一刻　yí kè　양 15분

해석

왕소룡 : 지금 몇 시입니까?
김대명 : 15분 전 12시입니다.

핵 심 어 구 설 명

● 시간 표현

1시	一点	yì diǎn	7시	七点	qī diǎn
2시	两点	liǎng diǎn	8시	八点	bā diǎn
3시	三点	sān diǎn	9시	九点	jiǔ diǎn
4시	四点	sì diǎn	10시	十点	shí diǎn
5시	五点	wǔ diǎn	11시	十一点	shíyī diǎn
6시	六点	liù diǎn	12시	十二点	shí'èr diǎn

- **钟**(zhōng) : 시간 뒤에 붙여 주는 말(생략 가능)
- 시 : 点(diǎn)
- 분 : 分(fēn)
- 초 : 秒(miǎo)
- 정각 : 整(zhěng)
- 15분 : 十五分(shíwǔ fēn), 一刻(yí kè)
- 30분 : 三十分(sānshí fēn), ~半(bàn)
- 45분 : 四十五分(sìshíwǔ fēn), 三刻(sān kè)
- ~전 : 差(chà)~
- 새벽 : 早晨(zǎochén)
- 오전 : 上午(shàngwǔ)
- 오후 : 下午(xiàwǔ)

보 충 회 화

A : 现在几点几分?　　지금 몇 시 몇 분이야?

Xiànzài jǐ diǎn jǐ fēn?

B : 八点半。　　8시 30분이야.

Bā diǎn bàn.

● 시간 있습니까?

☑ 아래 대화의 장면을 연상하면서 10번 반복해서 읽어 봅시다.

① ② ③ ④ ⑤ ⑥ ⑦ ⑧ ⑨ ⑩

王小龙　**你有空吗？**
Nǐ yǒu kòng ma?
니 여우 콩 마

金大明　**我没有空。**
Wǒ méiyǒu kòng.
워 메이 여우 콩

🖊 **어휘풀이** ●

空　kòng　명　시간, 틈, 겨를
吗　ma　조　~입니까?
有　yǒu　동　~이 있다
没有　méiyǒu　동　없다

해석

왕소룡 : 당신은 시간 있습니까?
김대명 : 저는 시간이 없습니다.

핵심어구 설명

● 「空」은 '틈, 짬, 시간'의 뜻이다.

你有没有空？
Nǐ yǒu méi yǒu kòng?
너 시간 있니?

今天没有空, 明天见吧。
Jīntiān méiyǒu kòng, míngtiān jiàn ba.
오늘은 시간이 없으니 내일 보자.

星期六有空吗？
Qīngqīliù yǒu kòng ma?
토요일에 시간 있니?

보충회화

A : 有空来玩儿吧。   시간 있으면 놀러 와.
Yǒu kòng lái wánr ba.

B : 好。   좋아.
Hǎo.

● 수 사

1) 百, 千, 万, 亿 등의 숫자는 반드시 앞에 수사 「一」를 붙여
   야 한다.
   100　　一百　yìbǎi　　　　1,000　一千　yìqiān
   10,000　一万　yíwàn　　　　일억　一亿　yíyì

2) 자리수가 많을 때 자리수 사이에 「0(零 líng)」이 몇 개가
   되든지 상관없이 「零」은 한 개만 쓴다.
   305　　三百零五　　　sānbǎi líng wǔ
   3,005　三千零五　　　sānqiān líng wǔ

3) '20'은 반드시 「二十」라고만 써야 한다. 단, 二百, 二千, 二
   万 등은 수사 「二」 대신 「两 liǎng」을 써도 상관이 없다.
   200　　二百　èrbǎi, 两百　liǎngbǎi

4) 여러 자리 숫자를 이용하여 연대(年代), 차량번호, 가옥,
   전화번호들의 숫자를 읽을 때는 계수만 읽고 자리수는 읽
   지 않는다.
   2003년　　二零零三年　　　　er líng líng sān nián
   내 차의 번호는 3088이다.
   　　　　　我的车号是三零八八。
   　　　　　Wǒ de chēhào shì sān líng bā bā.
   나의 전화번호는 968-7986이다.
   　　　　　我的电话号码是九六八七九八六。
   　　　　　Wǒ de diànhuà hàomǎ shì jiǔ liù bā qī jiǔ bā liù.

5) 수사 앞에 접두사 「第 dì」를 붙이면 서수를 나타낸다.
   첫 번째　　　　第一　　　dì yī

열두 번째	第十二	dì shí'èr

6) 양사(量词)가 수사 '2' 뒤에 위치하면 일반적으로 수사는 「两」을 쓴다.

두 사람	两个人	liǎng ge rén
두 권의 책	两本书	liǎng běn shū

※ 그러나 양사 앞의 수사가 2자리수 이상이면 반드시 수사 '2'는 「二」을 써야 한다.

12명의 사람	十二个人	shí'èr ge rén
42장의 종이	四十二张纸	sìshí'èr zhāng zhǐ

또 수사 앞에 「第」가 붙어 서수를 나타낼 때 '2'가 양사 앞에 위치하더라도 「二」을 사용한다.

두 번째 사람	第二个人	dì èr ge rén
두 번째 책	第二本书	dì èr běn shū

7) 중국어에서는 「年 nián」을 말할 때 일반적으로 직접 그 수를 읽는다.

1985년	一九八五年	yī jiǔ bā wǔ nián
1990년	一九九零年	yī jiǔ jiǔ líng nián

8) 중국어의 「月 yuè」을 읽는 방법

一月 yī yuè	二月 èr yuè	三月 sān yuè
四月 sì yuè	五月 wǔ yuè	六月 liù yuè
七月 qī yuè	八月 bā yuè	九月 jiǔ yuè
十月 shí yuè	十一月 shíyī yuè	十二月 shí'èr yuè

9) 구어에서는 주로 날짜 뒤에 「号 hào」를 붙이고, 서면에서는 주로 「日 rì」를 사용한다.

一号 yī hào	十号 shí hào	十一号 shíyī hào
二十号 èrshí hào	二十一号 èrshíyī hào	

➡ 다음 대화를 중국어로 완성해 보세요.

1

A : 今天(　　)号?
B : 今天二十号。

2

A : 今天星期(　　)?
B : 今天星期一.

3

A : 现在几点了?
B : (　　)一刻十二点。

4

A : 你有(　　)吗?
B : 我没有空。

정 답

1. 几　2. 几　3. 差　4. 空

어휘 늘리기

재미있는 외래어 표기

① 托福(Tuōfú) : 복을 부탁한다, TOEFL

② 席梦思(Xímèngsī) : 자리에 누워 꿈에서까지 생각한다, 시몬스(Simmons)

③ 卡拉 OK(kǎlā OK) : 가짜 orchestra, '카라오케'의 음역

④ 迷你裙(Mínǐqún) : 당신을 매혹하는 치마, 미니스커트

⑤ 的士(díshì) : '택시(taxi)'의 음역

⑥ 比萨饼(Bǐsàbǐng) : '피자(pizza)'의 음역

⑦ 汉堡(Hànbǎo) : '햄버거(hamburger)'의 음역

⑧ 可口可乐(Kěkǒukělè) : 마실 수 있으며 마시면 즐겁다, 코카콜라

⑨ 百事可乐(Bǎishìkělè) : 여러 가지 일들이 즐겁다, 펩시콜라

⑩ 麦当劳(Màidāngláo) : 맥도널드

⑪ 肯德基(Kěndéjī) : 켄터키치킨

⑫ 易买得(Yìmǎidé) : 이마트

⑬ 家乐福(Jiālèfú) : 까르프

今	今	今					

丿 人 仒 今　　　jīn　　　　　　　　　[금]

星	星	星					

口 日 尸 旦 早 星 星　xīng　　　　　[성]

期	期	期					

一 廿 其 其 期 期 期　qī　　　　　　[기]

差	差	差					

丷 丬 羊 差 差 差　chà　　　　　　[차]

号	号	号					

丨 口 口 므 号　　　hào　　　　　[號 호]

这	这	这					

丶 亠 亍 文 这 这 这　zhè　　　　[這 저]

刻	刻	刻					

丶 亠 十 亥 亥 刻 刻　kè　　　　　[각]

现	现	现					

一 二 干 王 珇 珇 现　xiàn　　　　[現 현]

点	点	点					

丨 卜 占 占 点 点 点　diǎn　　　　[點 점]

空	空	空					

丶 八 宀 宀 空 空 空　kòng　　　　[공]

1. 삼국지 이야기가 사실인가요?

궁금이 : 왜 중국인들은 관우를 좋아하죠?

척척사 : 인물 좋고 인품도 뛰어나고 용맹하고 의리 있으니 좋아하는 것이지요. 중국인들은 겁이 많아서 그런지 아니면 전쟁을 많이 겪어서 그런지 용맹한 사람을 좋아한답니다. 궁금이는 누구를 좋아하나요?

궁금이 : 저는 재미있는 장비를 좋아해요. 그런데 어른들은 왜 유비를 좋아해요?

척척사 : 우리나라 어른들은 덕(德)을 강조하는 유가사상의 영향을 받아서 그렇답니다. 한, 중, 일 세 나라 중에서 우리나라가 유가의 전통을 가장 잘 지키고 좋아하고 있거든요. 명예와 명분을 중시하고 약은 체하는 것을 싫어하는 것, 이것도 유가사상의 영향 중에 하나랍니다.

궁금이 : 그럼 일본인은 누구를 좋아하나요?

척척사 : 당연히 제갈량이나 조조를 좋아하겠지요. 계산과 상술에 뛰어난 일본인답게 지혜로운 인물들을 좋아하고 삼국지에 나오는 전술을 기업 경영에 도입하여 활용도 한답니다.

궁금이 : 그런데 그 삼국지 이야기는 전부 사실이에요?

척척사 : 역사를 재미있게 이야기로 꾸미다 보니 과장이 많이 되었지요. 그러나 사실에 가깝다고 본답니다. 소문이 여러 입을 거치면 산 사람도 죽게 되고, 죽은 사람도 살게 되는 눈덩이처럼 불어나는 소문의 허구성을 궁금이도 경험해 본 적이 있을 겁니다. 입에서 입으로 구전되어 내려오는 영웅담을 역사와 결합시킨 것이 바로 삼국지입니다. 그래서 허풍이 심한 중국인들의 정서가 잘 스며 있는 것이랍니다.

2. 중국의 돈에 왜 한복을 입은 조선족이 있어요?

궁금이 : 중국 돈에 왜 한복을 입은 조선족이 나오죠?

척척사 : 중국은 국토가 넓다 보니 문화와 생김새가 다른 여러 민족이 한 국가를 이루게 되었지요. 그러다 보니 갈등도 생기고 때로는 싸움도 한답니다. 그래서 소수 민족 우대 정책을 써서 갈등을 무마시키려고 많은 노력을 하지요. '미운 자식 떡 하나 더 준다'는 속담처럼 자녀는 두 명씩 낳을 수 있도록 특혜를 주고, 화폐에 사진을 넣어서 민족의 긍지도 심어주는 것이랍니다. 자, 단위가 작은 돈을 중심으로 잘 살펴보세요. 조선족이 어느 정도 대우를 받고 사는지 추측도 해보시구요. 참고로 중국에는 55개 소수 민족이 있답니다.

6. 날씨 및 기후

오늘 날씨가 어떻습니까?

☑ 아래 대화의 장면을 연상하면서 10번 반복해서 읽어 봅시다.

1 2 3 4 5 6 7 8 9 10

王小龙　**今天天气怎么样？**
Jīntiān tiānqì zěnmeyàng?
진티엔 티엔치 쩐머양

金大明　**天气真好，不冷也不热。**
Tiānqì zhēn hǎo, bù lěng yě bú rè.
티엔치 쩐 하오 뿌 렁 예 부 러

팡팡 두 마디로 배우는 중국어

어휘풀이

天气　tiānqì　몡 날씨
怎么样　zěnmeyàng　때 어떻습니까
真　zhēn　뷔 정말, 참으로
冷　lěng　혱 춥다
热　rè　혱 덥다

해석

왕소룡 : 오늘 날씨가 어떻습니까?
김대명 : 날씨가 참 좋습니다, 춥지도 덥지도 않습니다.

핵 심 어 구 설 명

● 「怎么样」은 어떤 상황이나 방법, 혹은 원인을 물을 때 쓰
는 말이다.

中国天气怎么样?

Zhōngguó tiānqì zěnmeyàng?

중국 날씨가 어떻습니까?

● 「不~ 也不~」는 '~않고, ~하지도 않다'의 뜻이다.

天气不冷也不热。

Tiānqì bù lěng yě bú rè.

날씨가 춥지도 덥지도 않다.

보 충 회 화

A : 刮不刮风?　　　　바람 붑니까?

Guā bu guā fēng?

B : 不刮风。　　　　바람 불지 않습니다.

Bù guā fēng.

---

*刮 guā 동 (바람) 불다　　　风 fēng 명 바람

Part 2

지금 비가 내립니까?

☑ 아래 대화의 장면을 연상하면서 10번 반복해서 읽어 봅시다.

① ② ③ ④ ⑤ ⑥ ⑦ ⑧ ⑨ ⑩

王小美　现在下雨吗？
Xiànzài xià yǔ ma?
시엔짜이 시아 위 마

金大明　不下雨。
Bú xià yǔ.
부 시아 위

짱짱 두 마디로 배우는 중국어

✎ 어휘풀이

下　xià　동 (비·눈 따위가) 내리다
雨　yǔ　명 비
现在　xiànzài　명 지금
吗　ma　조 ～입니까

해석

왕소미 : 지금 비가 내립니까?
김대명 : 비가 내리지 않습니다.

핵 심 어 구   설 명

● 비나 눈이 내린다는 표현을 말할 때는 동사 「不」를 쓰는데 「下」는 '(비가) 내리다, ～을 끝내다'의 뜻이 있다.

下雨了。
Xià yǔ le.
비가 왔다.

下着雨。
Xiàzhe yǔ.
비가 내리고 있다.

보 충 회 화

A : 你喜欢下雨天吗?
Nǐ xǐhuan xià yǔ tiān ma?
너는 비 오는 날을 좋아하니?

B : 我喜欢下雨天。
Wǒ xǐhuan xià yǔ tiān.
나는 비 오는 날이 좋아.

---

*喜欢 xǐhuan (조동) ～을 좋아하다
下雨天 xià yǔ tiān (명) 비 오는 날
着 zhe (조) ～하고 있다

Part 3

한국의 기후는 어떻습니까?

☑ 아래 대화의 장면을 연상하면서 10번 반복해서 읽어 봅시다.

1 2 3 4 5 6 7 8 9 10

王小龙 **韩国的气候怎么样？**
Hánguó de qìhòu zěnmeyàng?
한궈 더 치허우 쩐머양

金大明 **四季分明。**
Sìjì fēnmíng.
쓰지 펀밍

팡팡 두 마디로 배우는 중국어

✎ 어휘풀이

气候 qìhòu 명 기후
怎么样 zěnmeyàng 대 어떻습니까
四季 sìjì 명 사계절
分明 fēnmíng 형 분명하다

해 석

왕소롱 : 한국의 기후는 어떻습니까?
김대명 : 사계절이 분명합니다.

핵심어구 설명

● 「四季分明」에서 「分明」은 '분명하다, 뚜렷하다'의 뜻이다.
반대말은 「不分明」으로 '뚜렷하지 않다'이다.

四季不分明。
Sìjì bù fēnmíng.
사계절이 분명하지 않다.

方向不分明。
Fāngxiàng bù fēnmíng.
방향이 분명하지 않다.

보충회화

A : 四季怎么样?
Sìjì zěnmeyàng?
사계절은 어떤가요?

B : 春天暖和, 夏天热。秋天凉快, 冬天冷。
Chūntiān nuǎnhuo, xiàntiān rè. Qiūtiān liángkuai,
dōngtiān lěng.
봄은 따스하고, 여름은 덥고요. 가을은 시원하고, 겨울은
춥습니다.

---

*春天　chūntiān　명　봄　　　　夏天　xiàtiān　명　여름
秋天　qiūtiān　명　가을　　　冬天　dōngtiān　명　겨울
暖和　nuǎnhuo　형　따스하다　凉快　liángkuai　형　시원하다

Part 4

당신은 어느 계절을 좋아합니까?

☑ 아래 대화의 장면을 연상하면서 10번 반복해서 읽어 봅시다.

1 2 3 4 5 6 7 8 9 10

王小龙　**你喜欢什么季节？**
Nǐ xǐhuan shénme jìjié?
니 씨환 션머 찌지에

金大明　**我喜欢秋天。**
Wǒ xǐhuan qiūtiān.
워 씨환 치우티엔

팡팡 두 마디로 배우는 중국어

✎ 어휘풀이

喜欢　xǐhuan　⑧ 좋아하다
什么　shénme　⑭ 무슨, 무엇
季节　jìjié　⑱ 계절
秋天　qiūtiān　⑱ 가을

해석

왕소룡 : 당신은 어느 계절을 좋아합니까?
김대명 : 저는 가을을 좋아합니다.

핵심어구 설명

● 「我喜欢~」은 '~을 좋아하다, ~하는 것을 좋아하다'의 뜻이다.

我喜欢看书。

Wǒ xǐhuan kàn shū.

나는 책 보는 것을 좋아합니다.

我不喜欢夏天。

Wǒ bù xǐhuan xiàtiān.

나는 여름을 좋아하지 않습니다.

보충회화

A : 秋天的天气怎么样?

Qiūtiān de tiānqì zěnmeyàng?

가을 날씨는 어떻습니까?

B : 秋高气爽。

Qiū gāo qì shuǎng.

가을 하늘은 높고 공기는 상쾌합니다

---

*看　kàn　동 보다　　　　书　shū　명 책

高　gāo　형 높다　　　　气　qì　명 공기, 바람

爽　shuǎng　형 상쾌하다, 시원하다

오늘 덥습니까?

☑ 아래 대화의 장면을 연상하면서 10번 반복해서 읽어 봅시다.

1 2 3 4 5 6 7 8 9 10

王小美　**今天热不热？**
Jīntiān rè bu rè?
찐티엔 러 부 러

金大明　**不太热。**
Bú tài rè.
부 타이 러

✏ 어휘풀이

今天　jīntiān　몡 오늘
热　rè　휑 덥다
不太　bú tài　그다지 ～않다

해석

왕소미 : 오늘 덥습니까?
김대명 : 그다지 덥지 않습니다.

핵심어구 설명

● 부사 「太」와 부정 부사 「不」가 있을 때, 그 위치에 따라 의미가 다르다.

不好。

Bù hǎo.

좋지 않다.

太不好。

Tài bù hǎo.

매우 안 좋다.(전체 부정)

不太好。

Bú tài hǎo.

그다지 좋지 않다.(부분 부정)

 보충회화

A : 冬天的天气怎么样？ 겨울 날씨는 어떻습니까?

Dōngtiān de tiānqì zěnmeyàng?

B : 很冷。 아주 춥습니다.

Hěn lěng.

---

*很 hěn 🕓 매우, 아주　　　冷 lěng 🕓 춥다

베이징의 겨울은 어떻습니까?

☑ 아래 대화의 장면을 연상하면서 10번 반복해서 읽어 봅시다.

1 2 3 4 5 6 7 8 9 10

王小美　北京的冬天怎么样?
Běijīng de dōngtiān zěnmeyàng?
베이징 더 뚱티엔 쩐머양

金大明　北京比汉城冷一点儿。
Běijīng bǐ Hànchéng lěng yìdiǎnr.
베이징 비 한청 렁 이디알

✎ 어휘풀이

北京　Běijīng　명 베이징, 북경
冬天　dōngtiān　명 겨울
比　bǐ　전 ~보다, ~비하여
汉城　Hànchéng　명 서울
一点儿　yìdiǎnr　조금

해석

왕소미 : 베이징의 겨울은 어떻습니까?
김대명 : 베이징은 서울보다 좀 춥습니다.

핵심어구 설명

● 비교문 : A는 B보다 ~하다
「A(주어)+比(전치사)+B(대상)+형용사+보어」의 형식이며,
부정문으로 만들 때, 부정 부사의 위치는 전치사 앞에 온다.

这个比那个大。
Zhè ge bǐ nà ge dà.
이것은 저것보다 크다.

这个不比那个贵。
Zhè ge bù bǐ nà ge guì.
이것은 저것보다 비싸지 않다.

보충회화

A : 今天比昨天热吗? 오늘은 어제보다 덥니?
Jīntiān bǐ zuótiān rè ma?

B : 今天不比昨天热。 오늘은 어제보다 덥지 않아.
Jīntiān bù bǐ zuótiān rè.

---

*大 dà 형 크다   贵 guì 형 (값이) 비싸다
昨天 zuótiān 명 어제   热 rè 형 덥다

●비교문

1. 比를 이용한 비교

두 사람 혹은 두 사물간의 성질이나 형상 또는 정도상의 차이를 나타낼 때 사용한다.

1) 형식

> 피 비교 대상＋**比**＋비교 대상＋비교 결과＋(비교 차이)
> (주어)   (술어)   (보어)

2) 용법

① 比 비교문의 술어는 형용사나 동사가 사용된다.

他**比**你大两岁, 我**比**他小一岁。

Tā bǐ nǐ dà liǎng suì, wǒ bǐ tā xiǎo yí suì.

그는 너보다 두 살 많고, 나는 그보다 한 살 적다.

② 비교의 정도를 강조하기 위해서 比와 술어 사이에 很, 最, 非常은 사용할 수 없다. 주로 '조금 더'의 의미를 갖는 更, 还 등이 온다.

今年**比**去年还热。

Jīnnián bǐ qùnián hái rè.

올해는 작년보다 더 덥다.

桂林**比**苏州更美丽。

Guìlín bǐ Sūzhōu gèng měilì.

꿰이린은 쑤저우보다 더 아름답다.

③ 부정은 전치사 比 앞에 不를 둔다.

今天**不比**昨天冷。(○)　　今天**比**昨天不冷。(×)

Jīntiān bù bǐ zuótiān lěng.

오늘은 어제보다 춥지 않다.

2. 有를 이용한 비교

두 사람 혹은 두 사물간의 서로 유사한 점이 있을 경우 사용한다.

1) 형식

> 피비교 대상 + **有** + 비교 대상 + **这么, 那么** + 비교 방면·기준
> (주어)　　　　　　　　　　　　　　(부사어)　　　　(술어)

2) 용법

① 高, 大, 长, 多, 深 등의 형용사나 정도를 나타내는 동사 등이 술어로 사용된다.

女儿**有**爱人那么**高**了。

Nǚ'ér yǒu àirén nàme gāo le.

딸은 아내만큼 컸다.

② 술어 앞에는 일반적으로 부사 这么나 那么를 써서 정도의 차이를 나타낸다.

③ 부정 형식은 有 앞에 没를 둔다.

我**没有**他那么细心。

Wǒ méiyǒu tā nàme xìxīn.

나는 그 사람만큼 세심하지 못하다.

3. 跟을 이용한 비교

두 사람 혹은 두 사물 사이의 같고 다름을 구별하고자 할 때 사용한다.

1) 형식

> 피비교 대상 + **跟** + 비교 대상 + 비교 결과
> (주어)　　　　　　　　　　　　(술어)

2) 용법

① 일반적으로 피비교자와 비교 대상은 같은 품사 또는 구
이다.

方便面**跟**米饭一样好吃。

Fāngbiànmiàn gēn mǐfàn yíyàng hǎochī.

라면은 밥같이 맛있다.

你去**跟**他去一样。

Nǐ qù gēn tā qù yíyàng.

네가 가는 것과 그가 가는 것은 같다.

② 跟 앞뒤의 성분이 명사구이고 중심어가 같은 경우 跟 뒤
의 중심어는 생략한다.

我买的衣服**跟**你买的不一样。

Wǒ mǎi de yīfu gēn nǐ mǎi de bù yíyàng.

내가 산 옷은 네가 산 것과 다르다.

这个**跟**那个价钱差不多。

Zhège gēn nàge jiàqian chàbuduō.

이것은 저것과 가격이 비슷하다.

③ 부정 형식은 跟이나 一样 앞에 不를 둔다.

现在**跟**以前**不**一样。

Xiànzài gēn yǐqián bù yíyàng.

지금은 이전과 같지 않다.

我的衣服**不跟**你的一样。

Wǒ de yīfu bù gēn nǐ de yíyàng.

내 옷은 네 것과는 다르다. → 다른 사람의 것과 같다.

만화로 익히는 연습문제

➡ 다음 대화를 한어병음으로 완성해 보세요.

1

2

3

4

정 답

1. Xià yǔ   2. qiūtiān   3. Guā fēng   4. rè

补充词汇 *Bǔchōng cíhuì*

洪水 hóngshuǐ 홍수　　　毛毛雨 máomáoyǔ 부슬비
梅雨 méiyǔ 장마　　　骤雨 zhòuyǔ 소나기
晴天 qíngtiān 맑은 날　　阴天 yīntiān 흐린 날
天气预报 tiānqì yùbào 일기예보

 중국어로 써 봅시다

热	热	热					

一 十 才 扒 执 热　rè　[熱 열]

暖	暖	暖					

日 日' 旷 晬 晬 暖 暖　nuǎn　[난]

刮	刮	刮					

一 二 千 千 舌 刮 刮　guā　[괄]

节	节	节					

一 艹 艹 芋 节　jié　[節 절]

儿	儿	儿					

丿 儿　ér　[兒 아]

欢	欢	欢					

フ 又 ヌ' 劝 劝 欢　huān　[歡 환]

风	风	风					

丿 几 凡 风　fēng　[風 풍]

怎	怎	怎					

丿 乍 乍 乍 乍 怎 怎　zěn　[즘]

么	么	么					

丿 厶 么　me　[麼 마]

汉	汉	汉					

丶 冫 氵 汉 汉　Hàn　[漢 한]

중국에 자장면이 있나요?

궁금이 : 중국에 자장면 있어요?

척척사 : 예, 자장면이 있습니다. 그러나 우리나라 자장면과 맛이 완전히 다르지요. 우리나라 자장면은 우리 입맛에 맞게 변화된 것이고, 중국의 자장면은 정말 맛이 없어요. 중국에 가서 자장면 먹으면 모두 후회합니다. 그런데 요즘은 베이징에도 한국자장면 집이 생겨서 한국인들의 향수를 달래주고 있답니다.

궁금이 : 그럼 우리나라 중국집 요리 맛과 베이징의 중국 요리 맛이 다른가요?

척척사 : 이름과 만드는 방법이 같은 것은 맛이 비슷합니다. 그러나 사용하는 향과 재료의 차이로 맛이 조금 차이가 나지요. 대표적인 예로 한국인들이 대체로 싫어하는 향채(香菜 xiāngcài)를 중국인들은 많이 사용한답니다. 처음 중국에 가시는 분은 꼭 음식에 향채를 넣지 말고 요리해 달라고 부탁하세요. 향채를 넣지 않으면 대체로 무난히 음식을 드실 수 있답니다. 처음부터 향채를 넣은 요리를 좋아하고 잘 드시는 분은 중국 체질이십니다. 그런 분이 중국에서 사시면 세계 최고의 요리를 먹는 행복을 누리시며 사실 수 있습니다.

궁금이 : 어떤 요리가 최고로 맛있어요?

척척사 : 참 어려운 질문입니다. 심한 말로 하면 어리석은 질문이구요. 땅은 넓고 사람도 많고 산물도 풍부한 중국에서 명품 요리가 한둘이겠습니까? 베이징 요리는 밀가루로 만든 요리와 오리구이가 유명하고, 상하이 요리는 쌀이나 해산물로 만든 요리가 유명하고, 광둥 요리는 다양한 재료와 향을 잘 쓰고, 쓰촨 요리는 산에서 나는 재료와 매운 맛을 내는 향으로 만든 음식이 유명합니다. 지방의 특색을 잘 살린 음식점이 어디든지 있으니 맘에 드는 음식을 골고루 맛있게 즐기시면 됩니다.

7. 학 교

Part 1

당신은 학생입니까?

☑ 아래 대화의 장면을 연상하면서 10번 반복해서 읽어 봅시다.

1 2 3 4 5 6 7 8 9 10

金大明　**你是学生吗？**
Nǐ shì xuésheng ma?
니 스 쉬에셩 마

王小美　**是，我是学生。**
Shì, wǒ shì xuésheng.
스, 워 스 쉬에셩

팡팡 두 마디로 배우는 중국어

✎ 어휘풀이

是　shì　(동)　~이다
学生　xuésheng　(명)　학생
吗　ma　(조)　~입니까?

해석

김대명 : 당신은 학생입니까?
왕소미 : 예, 저는 학생입니다.

핵심어구 설명

● 「你是学生吗?」와 같은 형태의 문장을 '「是」자문'이라 한다.

A+是+B : A는 B이다.

A+是+B+吗? : A는 B입니까?

他是大夫。
Tā shì dàifu.
그는 의사입니다.

他是大夫吗?
Tā shì dàifu ma?
그는 의사입니까?

보충회화

A : 你是几年级的学生? 몇 학년 학생입니까?
Nǐ shì jǐ niánjí de xuésheng?

B   三年级。   3학년입니다.
Sān niánjí.

---

*年级 niánjí 명 학년

당신은 무엇을 배웁니까?

☑ 아래 대화의 장면을 연상하면서 10번 반복해서 읽어 봅시다.

1 2 3 4 5 6 7 8 9 10

王小美　你学习什么？
Nǐ xuéxí shénme?
니 쉬에시 션머

金大明　我学习汉语。
Wǒ xuéxí Hànyǔ.
워 쉬에시 한위

팡팡 두 마디로 배우는 중국어

✏ 어휘풀이

学习　xuéxí　⑧ 배우다
什么　shénme　⑭ 무엇
汉语　Hànyǔ　⑲ 중국어

해 석

왕소미 : 당신은 무엇을 배웁니까?
김대명 : 저는 중국어를 배웁니다.

핵심어구 설명

● 「什么」는 의문 대명사로서 '무엇'이란 뜻이다.

这是什么？
Zhè shì shénme?
이것은 무엇입니까?

这是什么书？
Zhè shì shénme shū?
이것은 무슨 책입니까?

你叫什么名字？
Nǐ jiào shénme míngzi?
당신 이름이 무엇입니까?

보충회화

A : 现在你学习什么？　　지금 너는 무얼 배우니?
Xiànzài nǐ xuéxí shénme?

B : 现在我学习英语。　　지금 나는 영어를 배워.
Xiànzài Wǒ xuéxí Yīngyǔ.

---

*英语　Yīngyǔ　몡 영어

Part 3

내일 수업이 몇 시간 있습니까?

☑ 아래 대화의 장면을 연상하면서 10번 반복해서 읽어 봅시다.

1 2 3 4 5 6 7 8 9 10

王小龙　**明天你有几节课？**
Míngtiān nǐ yǒu jǐ jié kè?
밍티엔 니 여우 지 지에 커

金大明　**明天我有四节课。**
Míngtiān wǒ yǒu sì jié kè.
밍티엔 워 여우 쓰 지에 커

팡팡 두 마디로 배우는 중국어

어휘풀이

明天　míngtiān　몡　내일
几　jǐ　때　몇
节　jié　양　수업의 시수를 세는 양사임
课　kè　몡　수업, 강의

해석

왕소룡 : 내일 수업이 몇 시간 있습니까?
김대명 : 내일 수업이 4시간 있습니다.

핵심어구 설명

● 「明天你有几节课?」에서 「节 jié」나 「堂 táng」은 수업의 시수
를 세는 말이다.

今天有两堂课。
Jīntiān yǒu liǎng táng kè.
오늘 수업이 두 시간 있다.

星期五我有三节课。
Xīngqīwǔ wǒ yǒu sān jié kè.
금요일에 나는 세 시간 수업이 있다.

보 충 회 화

A : 星期三你有什么事? 수요일에 무슨 일 있니?
Xīngqīsān nǐ yǒu shénme shì?

B : 我没有别的事。 별다른 일은 없어.
Wǒ méiyǒu bié de shì.

---

*别 bié 휑 다른, 별개의　　事 shì 명 일

Part 4

언제 수업을 시작합니까?

☑ 아래 대화의 장면을 연상하면서 10번 반복해서 읽어 봅시다.

1 2 3 4 5 6 7 8 9 10

王小龙 **你们什么时候开始上课？**
Nǐmen shénme shíhou kāishǐ shàng kè?
니먼 션머 스허우 카이스 샹 커

金大明 **我们八点开始上课。**
Wǒmen bā diǎn kāishǐ shàng kè.
워먼 빠 디엔 카이스 샹 커

✎ 어휘풀이

什么时候 shénme shíhou   언제
开始 kāishǐ (동) 시작하다
上课 shàng kè (동) 수업하다

해석

왕소룡 : 당신들은 언제 수업을 시작합니까?
김대명 : 우리는 8시에 수업을 시작합니다.

핵심어구 설명

● 「你们什么时候开始上课」에서 「什么时候」는 문맥상 「几点 jǐ diǎn」의 뜻으로 '몇 시'를 가리킨다.

你几点开始上课？

Nǐ jǐ diǎn kāishǐ shàng kè?

당신은 몇 시에 수업을 시작합니까?

● 「上课」는 '수업하다'란 뜻이고, 반대로 '수업을 마치다'는 「下课 xià kè」이다.

现在开始上课。

Xiànzài kāishǐ shàng kè.

지금부터 수업을 시작하겠습니다.

보충회화

A : 今天几点下课？　　　오늘 몇 시에 수업 끝나니?

Jīntiān jǐ diǎn xià kè?

B : 下午四点半下课。　　　오후 4시 반에 끝나.

Xiàwǔ sì diǎn bàn xià kè.

● **양사**(量词)

양 사	쓰 임	명 사
个(gè)	각종 사물, 사람을 셀 때	人(사람), 西瓜(수박)…
件(jiàn)	일, 의복을 셀 때	事情(일), 衣服(옷)…
本(běn)	책을 셀 때	书(책)
颗(kē)	작고 동그란 모양의 사물을 셀 때	星(별), 心(마음), 糖(사탕)…
张(zhāng)	펼칠 수 있는 사물이나 넓고 평평한 것 셀 때	纸(종이), 床(침대), 桌子(탁자)…
块(kuài)	돈, 덩어리, 작은 모양의 물건을 셀 때	钱(돈), 肉(고기), 点心(점심),豆腐(두부)…
条(tiáo)	가늘고 긴 모양의 사물을 셀 때	路(길), 河(강), 蛇(뱀), 裤子(바지)…
封(fēng)	닫거나 막는 물건 셀 때	信(편지)…
把(bǎ)	손잡이가 있는 물건을 셀 때	刀(칼), 椅子(의자), 伞(우산)…
位(wèi)	사람을 셀 때	客人(손님), 老师(교사)
座(zuò)	일정한 자리를 차지하는 사물을 셀 때	山(산), 大楼(빌딩)…
朵(duǒ)	꽃, 구름 따위를 셀 때	花(꽃), 云(구름)…
双(shuāng)	쌍을 이루고 있는 것을 셀 때	筷子(젓가락), 手(손), 鞋(신발), 眼睛(눈)…
只(zhī)	짝을 이루거나 대칭된 물건의 한 쪽, 동물, 배, 일용품을 셀 때	耳朵(귀), 鸟(새), 老虎(호랑이), 船(배), 箱子(상자), 手表(손목시계)…
架(jià)	받침대 있는 물건, 기계 따위를 셀 때	飞机(비행기), 机器(기계)…

만화로 익히는 연습문제

➡ 다음 대화를 한어병음과 중국어로 완성해 보세요.

1

A : Nǐ shì jǐ (　　) de
　　xuésheng?
B : Wǒ shì sān niánjí de
　　xuésheng.

2

A : Nǐ xuéxí (　　)?
B : Wǒ xuéxí Hànyǔ.

3

A : 明天你有几(　)课?
B : 明天我有四节课。

4

A : 你们(　　)时候
　　开始上课?
B : 我们八点开始上课。

정 답

1. niánjí　　**2.** shénme　　**3.** 节　　**4.** 什么

어휘 늘리기

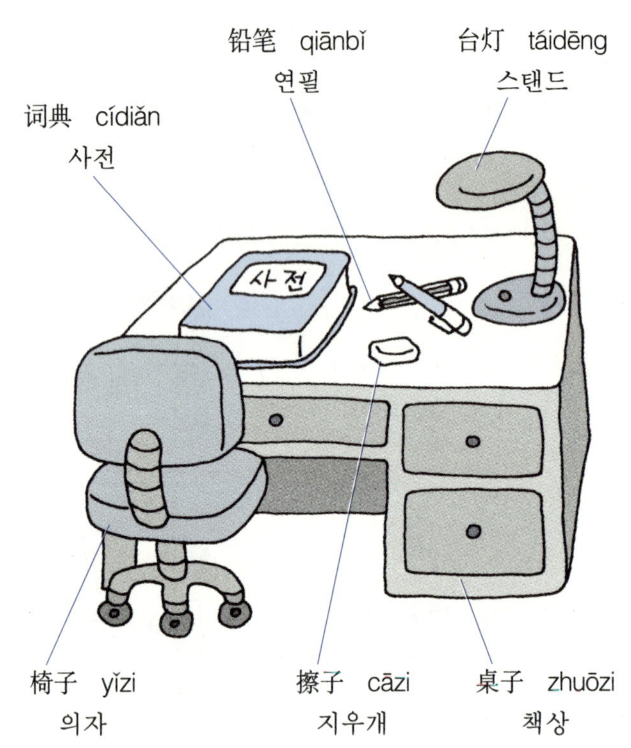

课本 kèběn 교과서　　书包 shūbào 책가방
圆珠笔 yuánzhūbǐ 볼펜　　幼儿园 yòu'éryuán 유아원
小学 xiǎoxué 초등학교　　初中 chūzhōng 중학교
高中 gāozhōng 고등학교　　大学 dàxué 대학교
研究生院 yánjiūshēngyuàn 대학원

 **중국어로 써 봅시다**

年	年　年	
ノ　ナ　ニ　仁　午　年　　nián	[년]
级	级　级	
∠　纟　纟　纵　纫　级　级　　jí	[級 급]
语	语　语	
讠　讠　讠　讦　语　语　语　　yǔ	[語 어]
课	课　课	
讠　讠　讠　讦　讲　课　课　　kè	[課 과]
什	什　什	
ノ　亻　什　什　　shén	[십]
开	开　开	
一　二　开　开　　kāi	[開 개]
始	始　始	
∠　乆　女　妒　始　始　始　　shǐ	[시]
时	时　时	
丨　冂　日　日　旪　时　时　　shí	[時 시]
习	习　习	
フ　刁　习　　xí	[習 습]
候	候　候	
亻　亻　亻　亻　伊　佚　候　候　　hòu	[후]

중국인이 좋아하는 숫자가 뭐에요?

궁금이 : 중국인은 왜 8(八)자를 좋아하죠?

척척사 : 돈을 좋아하는 중국인들이 좋아하는 새해 인사말이 恭喜发财!(gōngxǐ fācái! 돈 많이 버세요!)입니다. 发(fā)와 八(bā)는 발음이 비슷하기 때문에 8(八)자가 많이 들어가는 전화번호나 차번호 등을 가지고 있으면 왠지 부자가 될 것 같은 생각이 든답니다. 특히 차량번호에 8(八)자가 많이 들어가면 아주 좋아하지요.

五一八八　　wǔ yāo bā bā　5188
我要发发。　　Wǒ yào fā fā.　나는 돈을 왕창 벌 것이다.

궁금이 : 중국인들도 4(四 sì)를 싫어하나요?

척척사 : 당연합니다. 죽음의 의미를 가진 死(sǐ)와 발음이 같아서 기분이 나쁘거든요. 그래서 4월에는 결혼을 꺼린다거나 축의금도 4단위 액수는 피한답니다. 다시 말해서 결혼 축의금은 2, 6, 8단위(복수)의 짝수로 내고, 상례 조의금은 3, 5, 7, 9단위의 홀수로 낸답니다.

궁금이 : 축의금을 낼 때 왜 붉은 색 봉투를 사용해요?

척척사 : 중국인이 가장 좋아하는 색이 붉은 색입니다. 붉은 색은 행운의 색으로 생각합니다. 결혼할 때 우리나라처럼 흰 봉투에 축의금을 담아주면 축하하는 것이 아니라 저주하는 것으로 생각할 수 있으니 이것만은 절대 잊지 마세요.

8. 식 사

식사하셨습니까?

☑ 아래 대화의 장면을 연상하면서 10번 반복해서 읽어 봅시다.

1 2 3 4 5 6 7 8 9 10

王小龙　**你吃饭了吗？**
Nǐ chī fàn le ma?
니 츠 판 러 마

金大明　**已经吃了。**
Yǐjing chī le.
이징 츠 러

팡팡 두 마디로 배우는 중국어

어휘풀이

吃　chī　⑧ 먹다
饭　fàn　⑲ 밥
了　le　㉿ ~했다(완료의 의미)
已经　yǐjing　⑼ 이미, 벌써

해 석

왕소룡 : 식사하셨습니까?
김대명 : 이미 먹었습니다.

핵 심 어 구   설 명

● 「了」는 동작의 완료 및 변화를 나타내며, '~했다'라는 뜻
이다.

吃了。
Chī le.
먹었다.

吃饱了。
Chī bǎo le.
배불리 먹었다.

吃光了。
Chī guāng le.
다 먹어 치웠다.

보 충 회 화

A: 你要喝什么?　　　너는 뭐 마실래?
　　Nǐ yào hē shénme?

B: 我要喝果汁。　　　나는 주스 마실래.
　　Wǒ yào hē guǒzhī.

---

*要 yào (조동) ～하고 싶다　　　果汁 guǒzhī (명) 과일주스

Part 2

● **무엇을 드시겠습니까?**

☑ 아래 대화의 장면을 연상하면서 10번 반복해서 읽어 봅시다.

1 2 3 4 5 6 7 8 9 10

王小龙 **你想吃什么？**
Nǐ xiǎng chī shénme?
니 시앙 츠 션머

金大明 **我想吃汉堡。**
Wǒ xiǎng chī hànbǎo.
워 시앙 츠 한바오

짱짱 두 마디로 배우는 중국어

✎ **어 휘 풀 이**

想 xiǎng (조동) ~하고 싶다
吃 chī (동) 먹다
什么 shénme (대) 무엇
汉堡 hànbǎo (명) 햄버거

해 석

왕소룡 : 당신은 무엇을 드시겠습니까?
김대명 : 저는 햄버거를 먹고 싶습니다.

핵심어구 설명

● 「你想吃什么?」에서 「想」은 '～하고 싶다'라는 뜻의 조동사로 일반동사 앞에 위치한다.

我想吃北京烤鸭。
Wǒ xiǎng chī Běijīng kǎoyā.
저는 베이징 오리구이를 먹고 싶습니다.

我想吃烤肉。
Wǒ xiǎng chī kǎoròu.
저는 불고기를 먹고 싶습니다.

보충회화

A: 你早上吃什么?
Nǐ zǎoshang chī shénme?
너는 아침에 무엇을 먹니?

B: 我早上吃面包和牛奶。
Wǒ zǎoshang chī miànbāo hé niúnǎi.
나는 아침에 빵과 우유를 먹어.

---

*面包　miànbāo　명 빵　　　和　hé　접 ～와, ～과
牛奶　niúnǎi　명 우유

배고픈가요?

☑ 아래 대화의 장면을 연상하면서 10번 반복해서 읽어 봅시다.

① ② ③ ④ ⑤ ⑥ ⑦ ⑧ ⑨ ⑩

王小龙　**你饿不饿？**
Nǐ è bu è?
니 으어 부 으어

金大明　**不饿。**
Bú è.
부 으어

✎ 어휘풀이

饿　è　⑱ 배고프다

해석

왕소룡 : 당신은 배고픈가요?
김대명 : 배고프지 않습니다.

핵심어구 설명

● 「你饿不饿」는 '술어의 긍정+술어의 부정'의 형식을 이용한 의문문이다.

你想不想吃北京烤鸭？
Nǐ xiǎng bu xiǎng chī Běijīng kǎoyā?
당신은 베이징 오리구이를 먹고 싶습니까?

● 「饿」의 반의어는 「饱 bǎo」이다.

吃饱了。
Chī bǎo le.
배불리 먹었다.

보충회화

A : 你饿吗？　　　　　　배고프니？
　　Nǐ è ma?

B : 我饿死了！　　　　　배고파 죽겠어요!
　　Wǒ è sǐ le!

많이 좀 드세요.

☑ 아래 대화의 장면을 연상하면서 10번 반복해서 읽어 봅시다.

1 2 3 4 5 6 7 8 9 10

王小龙　　**请多吃点儿!**
Qǐng duō chī diǎnr!
칭 뚜오 츠 디알

金大明　　**吃不下了!**
Chī bú xià le!
츠 부 시아 러

어휘풀이

请　qǐng　경어　상대방에게 어떤 일을 부탁하거나 권할 때 쓰는 말이다.

多　duō　형　많다

点儿　diǎnr　수량　앞에 수사 '一'가 생략된 형태로 '좀', '약간'의 뜻임

해석

왕소룡 : 많이 좀 드세요!
김대명 : (배불러서) 못 먹겠어요!

핵심어구 설명

● 「吃不下了!」는 배불러서 '더 이상 못 먹겠다!'라는 뜻이다.

吃不了。

Chī bu liǎo.

다 먹을 수 없다. ← 양이 많아서

吃不起。

Chī bu qǐ.

먹을 수 없다. ← 너무 비싸서

吃不惯。

Chī bu guàn.

먹는 데 습관이 안 되어 있다. ← 어떤 음식을 먹는 데 있어

보충회화

A : 好不好吃?　　　맛있어요?

Hǎo bu hǎo chī?

B : 很好吃。　　　아주 맛있어요.

Hěn hǎo chī.

Part 5

● 내가 낼게요!

☑ 아래 대화의 장면을 연상하면서 10번 반복해서 읽어 봅시다.

1 2 3 4 5 6 7 8 9 10

王小龙　**我请客!**
Wǒ qǐng kè!
워 칭 커

金大明　**不, 我来请!**
Bù, wǒ lái qǐng!
뿌 워 라이 칭

✏ 어휘풀이 ●

请 qǐng ⑧ 청하다

客 kè ⑲ 손님

来 lái ⑧ 동사 앞에 쓰여 말하는 사람의 적극적인 의
도를 나타냄

해 석

왕소룡 : 내가 낼게요!

김대명 : 아닙니다, 내가 내겠습니다.

핵심어구 설명

● 「我请客!」는 「请你吃饭 qǐng nǐ chī fàn」의 뜻으로 '당신에게 식사를 대접하겠습니다' 라는 뜻이다.

我想请你吃午饭。
Wǒ xiǎng qǐng nǐ chī wǔfàn.
제가 점심식사에 당신을 초대하고 싶습니다.

星期六想请你吃晚饭。
Xīngqīliù xiǎng qǐng nǐ chī wǎnfàn.
토요일 저녁식사에 당신을 초대하고 싶습니다.

보충회화

A: 一共多少钱?　　모두 얼마죠?
　　Yígòng duōshao qián?

B: 一百二十五块。　　125원입니다.
　　Yì bǎi èrshíwǔ kuài.

---

*多少钱　duōshao qián　얼마입니까?
块　kuài　양　화폐 단위

● 조동사

중국어의 조동사는 주로 가능·희망·의지·능력 등을 나타내며 동사의 앞에 쓰인다.

1. 要

① 적극적인 의욕, 의지 표현 : ~하려고 한다

他要去。 Tā yào qù. 그는 가려고 한다.

② 멀지 않아 일어나려는 동작·상태 표시 : 곧 ~하려고 한다

要下雨了, 赶快回家吧。 Yào xià yǔ le, gǎn kuài huí jiā ba.
곧 비가 내리려 해, 빨리 집에 가자.

③ 비교를 나타낸다 : ~보다, 더

这个比那个还要大。 Zhè ge bǐ nà ge hái yào dà.
이것은 저것보다 여전히 크다.

④ 필연 : ~하지 않으면 안 된다, ~해야 한다

你要好好儿用功。 Nǐ yào hǎohāor yònggōng.
너 열심히 공부해야 한다.

⑤ 가정 표시

你去吧, 要不然, 爸爸会生气了。

Nǐ qù ba, yào bùrán, bàba huì shēng qì le.

너 가거라. 그렇지 않으면 아빠가 화내실 거야.

2. 想 : 바라다, ~하고 싶다

我想到中国去一趟。 Wǒ xiǎng dào Zhōngguó qù yí tàng.
나는 중국에 한번 가보고 싶다.

3. 打算 : ~하려고 한다, ~할 작정이다

你打算几点走? Nǐ dǎsuan jǐ diǎn zǒu?
너 몇 시에 갈 작정이니?

4. 应该(该, 应当)

① 당연히 ~해야 한다

今天的事**应该**今天做完。　Jīntiān de shì yīnggāi jīntiān zuò wán.

오늘 일은 오늘 끝내야 한다.

② ~할 때, ~할 차례

该你了, 快说吧。　Gāi nǐ le, kuài shuō ba.

네 차례야. 빨리 말해.

③ 단독 사용하여 '마땅하다'의 의미

那是**应该**的。　Nà shì yīnggāi de.

그것은 당연한 거야.

5. 得

得의 발음은 크게 다음 세 가지가 있다.

- de : (정도 보어) ~하는 정도가 ~하다
- dé : (동사) 얻다
- děi : (조동사) ~해야 한다

여기에서는 세 번째인 조동사로서의 쓰임을 살펴 보도록 한다.

有错误就**得**批评。　Yǒu cuòwù jiù děi pīpíng.

잘못이 있으면 비판해야 한다.

→(금전, 시간이) 필요하다, 들다, 걸리다

这个工程**得**一年才能完。

Zhè ge gōngchéng děi yì nián cái néng wán.

이 일은 일년이 걸려야 비로소 다 할 수 있다.

6. 能

① ~할 수 있다, ~할 힘이 있다, ~할 줄 알다

鸟**能**飞。　Niǎo néng fēi.　새는 날 수 있다.

② ~될 수 있다, ~할 것 같다, ~할 가능성이 있다, ~일 수 있다(가능성 표시)

他不**能**这么早就回来。 Tā bù néng zhème zǎo jiù huí lai.

그는 이처럼 빨리 돌아올 수 없다.

③ ~할 조건이 갖추어 있다, ~할 수 있다

我有事, 不**能**去。 Wǒ yǒu shì, bù néng qù.

나는 일이 있어서 갈 수 없다.

*주의 : '能'은 어떤 능력을 구비했거나 어떤 정도에까지 도달했음을 나타내고, '숲'는 어떤 기능을 배워서 할 수 있음을 나타낸다. 처음으로 어떤 것을 배워서 할 수 있으면, '숲'를 쓰고 어떤 능력을 회복했을 때는 '能'을 쓴다.

7. 可以

① 가능·능력 표시 : ~할 수 있다, ~ 할 조건이 갖추어 있다

在这儿**可以**打电话。 Zài zhèr kěyǐ dǎ diànhuà.

여기서 전화를 걸 수 있다.

② 허가 표시 : ~해도 좋다

你**可以**走了。 Nǐ kěyǐ zǒu le. 너 가도 좋다.

③ ~할 가치가 있다

这个问题**可以**研究一番。 Zhè ge wèntí kěyǐ yánjiū yí fàn.

이 문제는 한번 연구해 볼 가치가 있다.

8. 会

① (배워서) ~할 수 있다, ~할 줄 안다

他**会**说汉语。 Tā huì shuō Hànyǔ.

그는 중국어를 할 수 있다.

② 추측 '~할 것이다'

明天可能**会**下雨。 Míngtiān kěnéng huì xià yǔ.

내일 아마 비가 내릴 것이다.

만화로 익히는 연습문제

➡ 다음 대화를 한어병음으로 완성해 보세요.

1

A : Nǐ chī fàn le ma?
B : Yǐjing (　　　　).

2

A : Nǐ xiǎng chī shénme?
B : Wǒ xiǎng (　　　　).

3

A : Nǐ zǎoshang chī shénme?
B : Wǒ zǎoshang chī (　　　　).

4

A : Nǐ è ma?
B : Wǒ (　　　　)!

정답

1. chī le.　**2.** chī hànbǎo　**3.** miànbāo hé niúnǎi　**4.** è sǐ le

Bǔchōng cíhuì

宫保鸡丁 gōngbǎo jīdīng
꿍빠오지띵

回锅肉 huíguōròu
훼이꿔러우

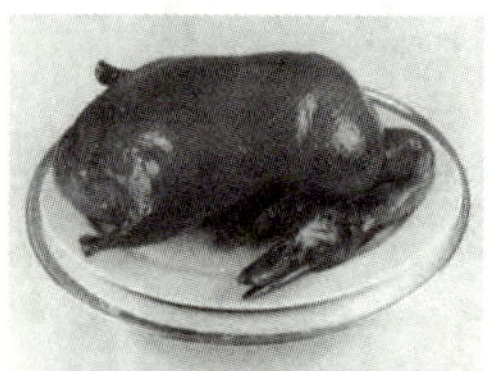

北京烤鸭 Běijīng kǎoyā
베이징 카오야

鱼香肉丝 yúxiāng ròusī
위샹러우쓰

羊肉串 yángròuchuàn
양러우추안(양고기 꼬치)

包子 bāozi
빠오즈(포자만두)

중국어로 써 봅시다

| 果 | 果 | 果 | | | | | |
口 日 旦 甲 果 果　guǒ　[과]

| 块 | 块 | 块 | | | | | |
一 十 士 圫 圵 块　kuài　[塊 괴]

| 饿 | 饿 | 饿 | | | | | |
饣 饣 饣 铲 饿 饿 饿　è　[餓 아]

| 吃 | 吃 | 吃 | | | | | |
丨 卩 口 吃 吃　chī　[흘]

| 饱 | 饱 | 饱 | | | | | |
丿 饣 饣 饣 饣 饱 饱　bǎo　[飽 포]

| 饭 | 饭 | 饭 | | | | | |
丿 饣 饣 饣 饣 饭 饭　fàn　[飯 반]

| 已 | 已 | 已 | | | | | |
フ コ 已　yǐ　[이]

| 经 | 经 | 经 | | | | | |
纟 纟 纩 经 绖 经　jīng　[經 경]

| 喝 | 喝 | 喝 | | | | | |
口 叩 吗 吗 喝 喝 喝　hē　[갈]

| 面 | 面 | 面 | | | | | |
一 丙 丙 丙 面 面 面　miàn　[면]

명절에 먹는 중국 음식

궁금이 : 중국인들도 설날에 떡국을 먹나요?

척척사 : 떡국은 한국에만 있는 것이고 중국인들은 만두를 먹습
니다. 섣달 그믐날에 온 가족이 모여서 만두를 만들고
자정이 지나면 조상님께 제사를 지내고 우리가 떡국을
먹듯이 만두를 먹는 답니다. 만두는 饺子(jiǎozi)라 하고
馒头(mántou)는 소(고명)가 없는 찐빵을 말합니다.

궁금이 : 추석에는 송편을 먹나요?

척척사 : 월병을 먹습니다. 둥근 달의 모양을 한 떡의 일종이죠.
월병의 종류도 많다 보니 맛도 다양하답니다. 어떤 것
은 향이 너무 진하여 한국인의 입맛에 안 맞는 것도 있
지요.

궁금이 : 粽子(zòngzi)는 뭔가요?

척척사 : 粽子는 찹쌀에 대추 따위를 넣어 댓잎이나 갈잎에 싸서
쪄먹는 단오날 음식의 일종입니다. 한국의 약식과 비슷
합니다. 중국의 춘추전국시대 초나라의 충신 굴원과 관
련된 전설도 있지만, 더위가 시작되어 땀을 많이 흘리
고 하루해는 길어 노동량은 많아서 몸이 허약해지기 쉬
운 시기에 영양을 보충하기 위하여 특별히 만들어 먹는
의미가 큰 것 같습니다. 그리고 바쁜 농사철에 휴대가
간편하고 먹기 편해서 만든 음식일 수도 있답니다.

9. 병원

● 어디가 불편하세요?

☑ 아래 대화의 장면을 연상하면서 10번 반복해서 읽어 봅시다.

1 2 3 4 5 6 7 8 9 10

大夫 **你哪儿不舒服？**
Nǐ nǎr bù shūfu?
니 날 뿌 수푸

金龙 **我头疼。**
Wǒ tóuténg.
워 터우텅

짱짱 두 마디로 배우는 중국어

🖉 어휘풀이

大夫 dàifu 명 의사
哪儿 nǎr 대 어디(장소)
舒服 shūfu 형 (마음이나, 몸이) 편하다
金龙 Jīn Lóng (인명) 김용
头疼 tóuténg 명 두통

해석

의사 : 어디가 불편하십니까?
김용 : 머리가 아파요.

● 「你哪儿不舒服?」에서 「舒服」은 '몸이나 마음이 편안하다'라는
뜻이고, 「哪儿」은 몸의 어느 부분인지 묻는 말이다.

身体很舒服。
Shēntǐ hěn shūfu.
몸이 아주 편하다.

心里很舒服。
Xīnli hěn shūfu.
마음이 아주 편하다.

보 충 회 화

A: 你怎么了, 你哪儿不舒服？
Nǐ zěnme le, nǐ nǎr bù shūfu?
너 왜 그래, 어디가 불편하니?

B: 不好意思开口。
Bùhǎo yìsi kāi kǒu.
말하기가 쑥스러워서요.

*开口 kāi kǒu ⑧ 말을 하다, 입을 열다

Part 2

● 피곤하십니까?

☑ 아래 대화의 장면을 연상하면서 10번 반복해서 읽어 봅시다.

1 2 3 4 5 6 7 8 9 10

大夫　　**你累不累？**
Nǐ lèi bu lèi?
니 레이 부 레이

金龙　　**很累。**
Hěn lèi.
헌 레이

✎ 어휘풀이 ●

累　lèi　(형) 피곤하다
很　hěn　(부) 매우, 아주

해 석

의사 : 당신은 피곤하십니까?
김용 : 아주 피곤합니다.

핵심어구 설명

● 「你累不累?」는 '술어의 긍정+술어의 부정' 형식의 의문문이
다. 「累」는 '심신이 피곤하다'는 말이다.

身体很累。
Shēntǐ hěn lèi.
몸이 아주 피곤하다.

太累了。
Tài lèi le.
너무 지쳤다.

真累呀。
Zhēn lèi ya.
정말 피곤해.

보 충 회 화

A: 工作累吗？　　　　　　일이 힘드십니까?
Gōngzuò lèi ma?

B: 工作很累。　　　　　　일이 아주 힘들어요.
Gōngzuò hěn lèi.

Part 3

어떻게 해야 하지요?

☑ 아래 대화의 장면을 연상하면서 10번 반복해서 읽어 봅시다.

1 2 3 4 5 6 7 8 9 10

金龙 **我好像感冒了, 怎么办?**
Wǒ hǎoxiàng gǎnmào le, zěnme bàn?
워 하오시앙 간마오 러, 쩐머 빤

大夫 **多休息吧。**
Duō xiūxi ba.
뚜오 시우시 바

✎ **어휘풀이**

好像 hǎoxiàng 동 마치 ~와 같다[비슷하다]
感冒 gǎnmào 명동 감기(에 걸리다)
办 bàn 동 처리하다, ~하다
休息 xiūxi 동 쉬다

해 석

김용 : 제가 감기 걸린 것 같아요, 어떻게 해야 하지요?
의사 : 많이 쉬세요.

핵 심 어 구 설 명

● 「好像感冒了。」에서 「好像」은 '마치 ～같다'라는 뜻으로 동사가 되고 「感冒」는 '감기'라는 뜻으로 목적어가 된다.

好像在哪儿见过你。
Hǎoxiàng zài nǎr jiànguo nǐ.
어디선가 너를 본 것 같다.

得了感冒。
Dé le gǎnmào.
감기에 걸렸다.

我容易得感冒。
Wǒ róngyì dé gǎnmào.
나는 감기에 잘 걸린다.

보 충 회 화

A : 我肚子好疼。　　나 배가 매우 아파.
　　Wǒ dùzi hǎo téng.

B : 你去看过病吗?　　너 진찰 받아 봤니?
　　Nǐ qù kànguo bìng ma?

---

*肚子 dùzi ⑲ 배　　看病 kàn bìng ⑧ 진찰 받다

● 시 제

1. 시태 조사 '了'

1) 쓰임 : 「了」는 동사 뒤에 붙어서 동작의 실현이나 완성
   상태를 나타냄.
   他成功了。 Tā chénggōng le.
   그는 성공했다.

2) 형식 : 주어+동사+了+목적어
   他写了两封信。 Tā xiě le liǎng fēng xìn.
   그는 두 통의 편지를 썼다.
   ※ 주의 : 목적어가 간단할 때 목적어 뒤에 어기 조사 了를 붙
     이고 시태 조사 了는 생략 가능.
       我看(了)报了。 Wǒ kàn (le) bào le. 나는 신문을 보았다.

3) 부정 : 没+동사 ← 没와 了는 함께 쓰이지 않음
   他没成功。 Tā méi chénggōng.
   그는 성공하지 못했다.

4) 주의점
   ① 매일 규칙적으로 발생하는 동작은 시태 조사(了)를 붙
     이지 않는다.
     每天他都打网球。 Méitiān tā dōu dǎ wǎngqiú.
     그는 매일 테니스를 친다.
   ② 동사 중첩 시 두 동사 사이에 了를 붙인다.
     昨天我们在一起聊了聊。
     Zuótiān wǒmen zài yìqǐ liáo le liáo.
     어제 우리들은 함께 이야기를 나누었다.
   ※참고 — 어기 조사 '了'
     어기 조사 '了'는 문미에 쓰여서 조동사와 같은 뜻을 지닌다.

我不去了。 Wǒ bú qù le.

나는 안 가겠다. ← 의지, 심정 변화

这件衣服太短了。 Zhè jiàn yīfu tài duǎn le.

이 옷은 너무 짧다. ← 부사 太와 호응

天快黑了。 Tiān kuài hēi le.

날이 어두워지려 한다. ← 快…了 새로운 상태 발생

要下雨了。 Yào xià yǔ le.

비가 오려 한다. ← 要…了 새로운 상태 발생

2. 着

「着」는 동사 뒤에 붙어서 동작의 지속, 진행, 동시 발생을
나타낸다.

1) 형식 : 주어+동사+着+(목적어)

他穿着一件大衣。 Tā chuānzhe yí jiàn dàyī.

그녀는 외투를 입고 있다.

2) 부정 : 没+동사+着

他没站着。 Tā méi zhànzhe.

그는 서 있지 않다.

3) 의문문 : 진술문+吗, 没有

他躺着没有? Tā tǎngzhe méiyou?

그는 누워 있니?

外边下着雨吗? Wàibian xiàzhe yǔ ma?

밖에 비가 내리고 있니?

3. 过

「过」는 동사 뒤에 붙어서 동작의 경험을 나타낸다.

1) 형식 : 주어+동사+过+(목적어)

他来过。 Tā láiguo.

그는 온 적이 있다.

我看过那种电影。 Wǒ kànguo nà zhǒng diànyǐng.

나는 그 영화를 본 적이 있다.

2) 부정 : 没+동사+过

我没学过汉语。 Wǒ méi xuéguo Hànyǔ.

나는 중국어를 배운 적이 없다.

3) 의문문 : 진술문+吗, 没有

你吃过这菜吗? Nǐ chīguo zhè cài ma?

너 이 요리 먹어 본 적 있니?

他们来过这里没有? Tāmen láiguo zhèli méiyou?

그들이 여기에 와 본 적이 있나요?

4. 正, 在, 正在

'正', '在', '正在'는 동사 앞에 쓰여서 동작의 진행을 나타낸다.

1) 형식 : 주어+正, 在, 正在+동사+(목적어)+(呢)

他们正开会(呢)。 Tāmen zhèng kāi huì (ne).

그들은 회의를 하고 있다.

2) 부정 : 没+(在)+동사

他没在看书, 他在睡觉呢。

Tā méi zài kàn shū, tā zài shuì jiào ne.

그는 공부하지 않고 잠을 자고 있다.

3) 의문문 : 진술문+吗

他在看电视吗? Tā zài kàn diànshì ma?

그는 텔레비전을 보고 있니?

만화로 익히는 연습문제

➡ 다음 대화를 한어병음으로 완성해 보세요.

1

A : Nǐ nǎr bù shūfu?
B : Wǒ (　　　　　).

2

A : Nǐ zěnme le?
B : Bùhǎo yìsi (　　　).

3

A : Nǐ lèi bu lèi?
B : (　　　　).

4

A : Gōngzuò
　　lèi ma?
B : (　　　　).

정 답

1. tóuténg　**2.** kāi kǒu　**3.** Hěn lèi　**4.** Gōngzuò hěn lèi.

Bǔchōng cíhuì

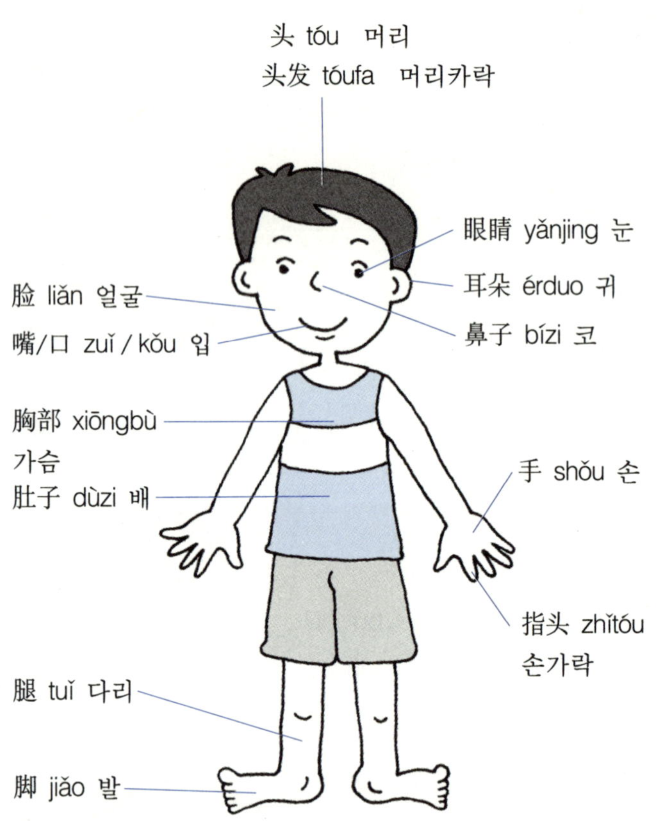

중국어로 써 봅시다

舒	舒 舒					
ノ 亠 牟 舍 舎 舒 舒 shū						[서]

服	服 服					
) 刀 月 尸 刖 服 服 fú						[복]

疼	疼 疼					
亠 广 疒 疒 疒 疼 疼 téng						[동]

办	办 办					
フ 力 力 办 bàn						[辦 판]

像	像 像					
亻 亻 俨 俨 傍 像 像 xiàng						[상]

感	感 感					
厂 厉 咸 咸 咸 感 感 gǎn						[감]

冒	冒 冒					
) 冂 冃 曰 冒 冒 冒 mào						[모]

累	累 累					
) 冂 田 田 罗 累 累 lèi						[루]

休	休 休					
ノ 亻 亻 什 休 休 xiū						[휴]

息	息 息					
亻 冂 白 自 自 息 息 xī						[식]

중국인의 멋

궁금이 : 중국인 집에는 왜 창문에 물고기를 종이로 오려 붙였나
요?

척척사 : 풍요롭게 사는 것은 모든 사람의 바람입니다. 식량이 풍
족하여 먹고 남기를 바라고, 물질이 풍족하여 쓰고 남
아돌기를 바라는 마음에서 중국인들은 남을 여(余 yú)
자를 좋아합니다. 물고기 어(鱼 yú) 자는 남을 여(余
yú) 자와 발음이 똑같답니다. 은근한 풍자를 좋아하는
중국인은 余 대신에 물고기 그림을 붙이는 것입니다.

궁금이 : 복(福) 자를 거꾸로 붙여 놓은 것도 중국인의 멋인가
요?

척척사 : '복이 들어왔다'고 말할 때 복 복(福) 자와 도래할 도
(到)를 써야 하는데 到(dào)의 발음이 거꾸로 설 도(倒
dào)와 발음이 같습니다. 은근한 멋을 즐기는 중국인들
은 到 자를 생략하는 대신에 福 자를 거꾸로 붙여서 복
이 하늘로부터 뚝 떨어지는 형상을 나타낸 것입니다.
숨겨진 뜻에 중국인 사상이 담긴 은근한 멋이 있잖아
요.

궁금이 : 화장실에 문이 없는 것도 중국의 멋인가요?

척척사 : 내몽고 지방에서 지붕이 없는 화장실에 앉아 아름다운
별을 보며 일을 보던 일이 저에겐 멋이었습니다. 지금
도 시골이나 환경이 열악한 곳을 가면 화장실 문이 없
어서 당황하기도 하지만 아예 칸막이가 없는 곳에서 옆
사람과 도란도란 이야기를 하면서 변을 볼 수 있는 곳
이 있어 좋기도 합니다. 10여 년 전만 해도 베이징역 조
차 화장실 칸막이가 없었지요. 그러나 지금은 대도시나
유명 관광지는 대체로 쾌적한 화장실이 있어서 불편이
없답니다. 재미있는 중국의 이야기 하나가 점차 사라져
가고 있습니다.

10. 교 통

Part 1

기차역이 어디 있습니까?

☑ 아래 대화의 장면을 연상하면서 10번 반복해서 읽어 봅시다.

1 2 3 4 5 6 7 8 9 10

王先生　请问, 火车站在哪儿？
Qǐngwèn, huǒchēzhàn zài nǎr?
칭원, 훠처잔 짜이 날

李小姐　火车站在北京饭店的旁边。
Huǒchēzhàn zài Běijīng Fàndiàn de pángbiān.
훠처잔 짜이 베이징 판디엔 더 팡비엔

✎ 어휘풀이

火车　huǒchē　몡 기차
站　zhàn　몡 역, 정거장, 정류장
在　zài　동 ~에 있다
饭店　fàndiàn　몡 호텔
旁边　pángbiān　몡 옆

해석

왕선생 : 말씀 좀 여쭙겠습니다. 기차역이 어디 있나요?
이　양 : 기차역은 북경호텔 옆에 있습니다.

핵심어구 설명

● 「请问」은 '길'이나 '성' 등 상대방에게 무언가 물어보기 위해서 처음 말을 걸 때 쓰는 말로 '말씀 좀 여쭙겠습니다'란 뜻이다.

● 「在哪儿?」은 위치를 묻는 표현이며, '~(가) 어디에 있습니까?'에 해당한다.

请问, 她在哪儿?

Qǐngwèn, tā zài nǎr?

말씀 좀 여쭙겠습니다, 그녀가 어디에 있죠?

보충회화

A: 请问, 医院在哪儿?

Qǐngwèn, yīyuàn zài nǎr?

말씀 좀 여쭙겠습니다. 병원이 어디에 있죠?

B: 医院在银行和公园的中间。

Yīyuàn zài yínháng hé gōngyuán de zhōngjiān.

병원은 은행과 공원 사이에 있어요.

---

*医院　yīyuàn　명 병원
公园　gōngyuán　명 공원
银行　yínháng　명 은행
中间　zhōngjiān　명 중간, 가운데

지하철역은 어떻게 가지요?

☑ 아래 대화의 장면을 연상하면서 10번 반복해서 읽어 봅시다.

1 2 3 4 5 6 7 8 9 10

王先生　请问, 地铁站怎么走?
Qǐngwèn, dìtiězhàn zěnme zǒu?
칭원 띠티에짠 쩐머 쩌우

李小姐　一直往前走, 就是地铁站。
Yìzhí wǎng qián zǒu, jiùshì dìtiězhàn.
이즈 왕 치엔 쩌우, 지우스 띠티에짠

팡팡 두 마디로 배우는 중국어

🖊 어휘풀이

怎么　zěnme　때　어떻게
走　zǒu　통　가다
一直　yìzhí　부　곧장, 계속해서
往　wǎng　전　~로 향해

해석

왕 선생 : 말씀 좀 여쭙겠습니다. 지하철역은 어떻게 가지요?
이　　양 : 곧장 앞으로 가면 바로 지하철역입니다.

핵심어구 설명

● 「怎么走?」는 길을 가는 방법을 묻는 표현이다.

请问, 地铁站怎么走?

= 请问, 去地铁站怎么走?

Qǐngwèn, qù dìtiězhàn zěnme zǒu?

= 请问, 到地铁站怎么走?

Qǐngwèn, dào dìtiězhàn zěnme zǒu?

● 「就是」는 '바로 ~이다'의 뜻인데, 길 묻기의 대답에서 마무리할 때 자주 사용하는 표현이다.

向右转, 就是学校。

Xiàng yòu zhuǎn, jiùshì xuéxiào.

오른쪽으로 돌면 바로 학교입니다.

보 충 회 화

A : 请问, 到公车站怎么走?

Qǐngwèn, dào gōngchēzhàn zěnme zǒu?

말씀 좀 묻겠습니다. 버스정류장 가려면 어떻게 가죠?

B : 往前走, 就到了。

Wǎng qián zǒu, jiù dào le.

앞쪽으로 가면 곧 도착합니다.

---

*「公车站」은 「公共汽车站(버스정류장)」과 같은 의미이다.

Part 3

몇 번 차를 타야 합니까?

☑ 아래 대화의 장면을 연상하면서 10번 반복해서 읽어 봅시다.

　1　2　3　4　5　6　7　8　9　10

王小美　请问, 去东大门市场, 要坐几路车?
Qǐngwèn, qù Dōngdàmén Shìchǎng,
yào zuò jǐ lù chē?
칭원, 취 뚱따먼 스창, 야오 쭈오 지 루 처

金大明　请在对面坐六十八路公车。
Qǐng zài duìmiàn zuò liùshíbā lù gōngchē.
칭 짜이 뒈이미엔 쭈오 리우스빠 루 꿍처

✎ 어휘풀이

东大门市场 Dōngdàmén Shìchǎng　명 동대문시장
坐 zuò　동 타다, 앉다
路 lù　양 노선
对面 duìmiàn　명 맞은편
公车 gōngchē　명 버스(**公共汽车** gōnggòng qìchē)

해 석

왕소미 : 여쭙겠습니다, 동대문시장에 가려면 몇 번 차
　　　　 를 탑니까?
김대명 : 건너편에서 68번 버스를 타세요.

핵심어구 설명

● 「要坐几路车」에서 「要」는 조동사로서 '(마땅히) ~해야 한다'의 뜻이다. 「路」는 버스노선을 나타내는 양사이다.

要坐十二路公车。

Yào zuò shí'èr lù gōngchē.

12번 버스를 타야 한다.

要坐二十二之一路公车。

Yào zuò èrshí'èr zhī yī lù gōngchē.

22-1번 버스를 타야 한다.

보 충 회 화

A : 请问, 去东大门市场, 要坐几号线?

Qǐngwèn, qù Dōngdàmén Shìchǎng, yào zuò jǐ hào xiàn?

말씀 좀 여쭙겠습니다. 동대문시장에 가려면 몇 호선을 타야 하나요?

B : 坐一号线地铁, 在东大门站下车。

Zuò yí hào xiàn dìtiě, zài Dōngdàménzhàn xià chē.

지하철 1호선을 타고서 동대문역에서 내리세요.

Part 4

집에서 학교까지 멉니까?

☑ 아래 대화의 장면을 연상하면서 10번 반복해서 읽어 봅시다.

1️⃣ 2️⃣ 3️⃣ 4️⃣ 5️⃣ 6️⃣ 7️⃣ 8️⃣ 9️⃣ 🔟

金同学

你家离学校远吗？
Nǐ jiā lí xuéxiào yuǎn ma?
니 지아 리 쉬에샤오 위엔 마

朴同学

不太远, 走三分钟就到了。
Bú tài yuǎn, zǒu sān fēn zhōng jiù dào le.
부 타이 위엔, 쩌우 싼 펀 쭝 지우 따오 러

팡팡 두 마디로 배우는 중국어

어휘풀이

离 lí ㉓ ~로부터
远 yuǎn ㉅ 멀다
不太 bú tài 그다지 ~하지 않다
钟 zhōng ㉱ 시간, 시

해석

김학우 : 집에서 학교까지 멉니까?
박학우 : 그다지 멀지 않습니다. 3분 걸어가면 됩니다.

핵심어구 설명

● 전치사「离」는 '~부터'의 뜻으로, '거리나 시간, 날짜 등이
어느 지점에서 얼마만큼 떨어져 있다'라는 말이다.

> 我家离学校很远。
> Wǒ jiā lí xuéxiào hěn yuǎn.
> 집에서 학교까지 아주 멀어요.

> 离暑假只有一个月了。
> Lí shǔjià zhǐ yǒu yí ge yuè le.
> 여름방학으로부터 한달밖에 안 남았다.

● 不+太+형용사
「不太~」는 '별로 ~하지 않다'의 뜻이고, 부분 부정의 용법
으로 부정의 정도를 약하게 한다.

보충회화

A: 学校离这儿远不远? 학교는 여기에서 멀어요?
Xuéxiào lí zhèr yuǎn bu yuǎn?

B: 很近。 아주 가까워요.
Hěn jìn.

Part 5

무엇을 타고 옵니까?

☑ 아래 대화의 장면을 연상하면서 10번 반복해서 읽어 봅시다.

1 2 3 4 5 6 7 8 9 10

朴同学　**你坐什么车来学校?**
Nǐ zuò shénme chē lái xuéxiào?
니 쭈오 션머 처 라이 쉬에샤오

李同学　**我骑自行车来学校。**
Wǒ qí zìxíngchē lái xuéxiào.
워 치 쯔싱처 라이 쉬에샤오

짱짱 두 마디로 배우는 중국어

어휘풀이

同学　tóngxué　몡 학우, 급우
坐　zuò　통 타다, 앉다
骑　qí　통 타다
自行车　zìxíngchē　몡 자전거

해석

박 동학 : 당신은 어떤 차를 타고 학교에 옵니까?
이 동학 : 저는 자전거를 타고 학교에 옵니다.

핵심어구 설명

● 자동차나 기차와 같은 교통수단을 '타다'라는 표현은 대부
분 동사 「坐 zuò」를 쓰지만, 자전거나 오토바이처럼 다리를
벌리고 걸쳐 타는 것은 동사 「骑 qí」를 사용한다.

骑马　qí mǎ　　　말을 타다.

骑自行车　qí zìxíngchē　자전거를 타다.

骑摩托车　qí mótuōchē = 骑机车　qí jīchē
오토바이를 타다.

보 충 회 화

A : 从汉城到釜山要多久?

Cóng Hànchéng dào Fǔshān yào duō jiǔ?
서울에서 부산까지 얼마나 걸리나요?

B : 坐飞机要半个小时。

Zuò fēijī yào bàn ge xiǎoshí.
비행기 타고 30분 걸려요.

---

*从~到　cóng ~ dào　~에서 ~까지
多久　duō jiǔ　㈹ 얼마 동안
飞机　fēijī　㈐ 비행기
小时　xiǎoshí　㈐ 시간

● 전치사

　전치사는 명사, 대사 또는 구(句) 앞에 쓰여 이들과 함께 전치사구를 이루어서, 시간·장소·목적·원인·방식·대상 등을 나타낸다.

전치사	쓰 임	예 문
在(zài)	시간·장소·범위 등을 표시	在礼堂开会。 강당에서 회의를 개최한다.
到(dào)	장소·시간의 도착점 표시	你到哪儿去? 너 어디 가니?
从(cóng)	장소·시간의 출발점 표시	我刚从学校回来。 나는 방금 학교에서 돌아왔다.
向(xiàng)	동작의 방향 표시	向前走。 앞으로 가다.
给(gěi)	동작의 접수 대상 표시	她给我一件礼物。 그녀는 나에게 선물 하나를 주었다.
跟(gēn)	동작의 협조 대상 표시	有事要跟校长商量。 일이 있으면 교장 선생님과 상의해야 한다.
离(lí)	시간·장소의 거리 표시	离学校不远。 학교에서 멀지 않다.
对(duì)	사물의 대상, 사물의 관계 표시	对他表示谢意。 그에게 감사를 표시했다.
替(tì)	행위 대상 표시	我们班同学都替他送行。 우리 반 급우들 모두는 그를 위해 배웅했다.
往(wǎng)	동작의 방향 표시	这趟车开往上海。 이번 차는 상하이 행이다.
由(yóu)	목적·원인·이유의 기점 표시	由北京出发。 베이징에서 출발했다.

만화로 익히는 연습문제

➡ 다음 대화를 중국어로 완성해 보세요.

1

A : 请问, 火车站(　　)?
B : 火车站在
　　　北京饭店的旁边。

2

A : 请问, 火车站(　　)?
B : 一直往前走,
　　　就是火车站。

3

A : 请问, 去东大门市场,
　　　要坐(　　)车?
B : 请在对面
　　　坐六十八路公车。

4

A : 你家(　　)学校远吗?
B : 不太远。

정 답

1. 在哪儿　　2. 怎么走　　3. 几路　　4. 离

Bǔchōng cíhuì

地铁 dìtiě 지하철

电车 diànchē 전차

出租汽车 chūzū qìchē 택시

自行车 zìxíngchē 자전거

马车 mǎchē 마차

救火车 jiùhuǒchē 소방차　　　救护车 jiùhùchē 구급차
班车 bānchē 통근차　　　餐车 cānchē 식당차
月台 yuètái 플랫폼　　　港口 gǎngkǒu 항구
飞机 fēijī 비행기　　　轮船 lúnchuán 여객선
快速列车 kuàisù lièchē 쾌속열차　轿车 jiàochē 승용차
客运站 kèyùnzhàn 버스터미널　三轮车 sānlúnchē 삼륜차
长途汽车 chángtú qìchē　장거리 버스

중국어로 써 봅시다

车	车	车					
一 ㄈ 乍 车   chē   [車 차]

站	站	站					
丷 亠 立 剆 站 站   zhàn   [참]

地	地	地					
一 十 土 圤 圳 地   dì   [지]

铁	铁	铁					
ᅩ ᅩ 钅 钅 钅 铁 铁   tiě   [鐵 철]

市	市	市					
丶 亠 亠 市 市   shì   [시]

场	场	场					
一 十 土 圬 坮 场 场   chǎng   [場 장]

离	离	离					
亠 文 卤 卤 离 离 离   lí   [離 리]

远	远	远					
一 二 テ 元 元 远 远   yuǎn   [遠 원]

骑	骑	骑					
马 马 马 骑 骑 骑 骑   qí   [騎 기]

钟	钟	钟					
丿 ㇏ ㄿ 钅 钅 钔 钟   zhōng   [鐘 종]

폭죽놀이를 좋아하는 중국인

궁금이 : 중국인들은 왜 폭죽놀이를 좋아하나요?

척척사 : 폭죽놀이는 중국인뿐만 아니라 전 세계인이 모두 좋아하는 놀이랍니다. 그러나 중국인들의 폭죽놀이 속에는 잡귀를 쫓아내는 의식이 담겨 있지요. 밝은 불빛과 폭음소리로 귀신을 쫓아내어 무사태평을 기원하는 것입니다. 그래서 결혼식이나 개업식, 춘절 등 좋은 일이 있으면 폭죽을 터트린답니다.

궁금이 : 귀신들도 폭죽놀이를 좋아하지 않을까요?

척척사 : 중국인들은 귀신이 폭죽을 싫어한다고 믿고 있습니다. 옛날 옛적 중국에 년(年)이라는 귀신이 있었습니다. 이 놈이 일년에 한 번씩 나타나 농작물을 망쳐놓고 사람을 잡아가곤 하여 사람들을 공포에 떨게 했습니다. 年을 몰아내기 위해 많은 방법을 동원해 봤지만 소용이 없었습니다. 한 번은 우연히 대나무 탈 때 나는 소리와 불빛을 보고 年이 허겁지겁 도망가는 것을 발견했습니다. 그 다음부터 사람들은 年이 나타날 때면 많은 대나무를 모아 놓고 불을 질렀지요. 물론 이 때부터 年은 나타나지 않았고 사람들은 해마다 대나무 불꽃놀이를 즐겼습니다. 지금은 폭죽이 대나무를 대신하고 있답니다.

궁금이 : 오성홍기(五星紅旗)도 폭죽과 관련 있나요?

척척사 : 기가 차는 질문이군요. 중국의 국기는 붉은 바탕에 노란 별이 다섯 개가 있어서 오성홍기(五星紅旗)라고 합니다. 붉은 바탕은 혁명을 의미하고 노란색은 황색인종을 뜻합니다. 다섯 개의 별 중에 가장 큰 별은 공산당을 나타내고, 작은 별은 중국의 노동자(工人)·농민·도시소자산계급·민족자산계급을 나타냅니다. 오성의 모양은 공산당이 중국 인민을 인도하여 나아가는 형상입니다. 오성홍기는 별이 쏟아지는 모습 같지만 폭죽과 전혀 관련이 없답니다.

11. 전화

Part 1

● 여보세요, 베이징고등학교입니까?

☑ 아래 대화의 장면을 연상하면서 10번 반복해서 읽어 봅시다.

1 2 3 4 5 6 7 8 9 10

金先生　**喂, 是北京高中吗?**
Wéi, shì Běijīng Gāozhōng ma?
웨이 스 베이징 까오중 마

王先生　**是, 您找谁?**
Shì, nín zhǎo shéi?
스 닌 자오 세이

✎ 어휘풀이 ●

喂　wéi　⟨감⟩ 여보세요
高中　gāozhōng　⟨명⟩ 고등학교
找　zhǎo　⟨동⟩ 찾다
谁　shéi　⟨대⟩ 누구

해석

김 선생 : 여보세요, 베이징고등학교입니까?
왕 선생 : 그렇습니다, 누구를 찾으세요?

핵심어구 설명

● 「是」는 '〜이다'의 뜻으로, 「是」 앞에 「您那儿　nín nàr」 '당신이 계신 그곳'이 생략되었다.

> 您那儿是王大明家吗？
>
> Nín nàr shì Wáng Dàmíng jiā ma?
>
> 거기가 왕 대명이네 집입니까？

● 「是」로 묻는 문장의 대답은 「是」나 「不是」로 대답한다.

> A : 你是老师吗？　Nǐ shì lǎoshī ma?
>
> 당신은 (학교)선생님입니까？
>
> B : 是, 我是老师。　Shì, wǒ shì lǎoshī.
>
> 그렇습니다, 나는 교사입니다.

● 「喂」는 원래 4성(wèi)이지만 실제로 전화를 받을 때는 2성 (wéi)으로 발음한다.

보 충 회 화

A : 喂, 我找王大明先生。

Wéi, wǒ zhǎo Wáng Dàmíng xiānsheng.

여보세요, 왕대명 선생님을 찾습니다[바꿔 주세요].

B : 他不在, 你有什么事？

Tā bú zài, nǐ yǒu shénme shì?

안 계십니다, 무슨 일이시지요？

왕 사장님 계십니까?

☑ 아래 대화의 장면을 연상하면서 10번 반복해서 읽어 봅시다.

1 2 3 4 5 6 7 8 9 10

金先生　喂, 王经理在吗?
Wéi, Wáng jīnglǐ zài ma?
웨이 왕 징리 짜이 마

刘先生　他不在。
Tā bú zài.
타 부 짜이

어휘풀이

经理　jīnglǐ　명 사장
在　zài　동 있다
刘　Liú　명 유(성씨)

해석

김 선생 : 여보세요, 왕사장님 계십니까?
유 선생 : 안 계십니다.

핵심어구 설명

● 「在 zài」의 부정은 「不在 bú zài」이다. 「在」 동사로 묻는 말은 일반적으로 「在」나 「不在」로 대답한다.

> A : 他在家吗? Tā zài jiā ma?
>
> 그가 집에 있습니까?
>
> B : 在。 Zài
>
> 있습니다.

● 「在~吗」의 문장은 「在不在~」로 바꿔 쓸 수 있다.

> 他在家吗? → 他在不在家?
>
> Tā zài jiā ma? Tā zài bú zài jiā?

보충회화

A : 喂, 请王经理接电话。

Wéi, qǐng Wáng jīnglǐ jiē diànhuà.

여보세요, 왕 사장님 좀 바꿔 주세요.

B : 他不在, 您是哪一位?

Tā bú zài, nín shì nǎ yí wèi?

안 계십니다, 당신은 누구십니까?

---

*接(jiē)는 '받다, 연결하다'의 뜻으로 전화상에서 '누구를 좀 바꿔 주세요'의 뜻으로 사용된다.

전화번호가 몇 번입니까?

☑ 아래 대화의 장면을 연상하면서 10번 반복해서 읽어 봅시다.

1 2 3 4 5 6 7 8 9 10

王小美　**你的电话号码是多少？**
Nǐ de diànhuà hàomǎ shì duōshao?
니 더 띠엔화 하오마 스 뚜오샤오

金大明　**我的电话号码是3456078。**
Wǒ de diànhuà hàomǎ shì sān sì wǔ liù líng qī bā.
워 더 띠엔화 하오마 스 싼 쓰 우 리우 링 치 빠

팡팡 두 마디로 배우는 중국어

✎ **어휘풀이**

的　de　조　~의
王小美　Wáng Xiǎoméi　명　왕소미(인명)
电话号码　diànhuà hàomǎ　명　전화번호
多少　duōshao　대　얼마, 몇

해석

왕소미 : 당신의 전화번호는 몇 번입니까?
김대명 : 내 전화번호는 345-6078입니다.

핵심어구 설명

● 「多少」는 수량을 물어보는 의문사이다.

你鞋子的号码是多少?

Nǐ xiézi de hàomǎ shì duōshao?

당신 신발 사이즈는 얼마입니까?

一年有多少天?

Yì nián yǒu duōshao tiān?

일년에는 며칠이 있습니까?

보 충 회 화

A : 请问, 火警台是多少?

Qǐngwèn, huǒjǐngtái shì duōshao?

말 좀 묻겠습니다, 화재 신고 전화번호가 몇 번입니까?

B : 一一九。

Yāo yāo jiǔ.

119입니다.

---

*火警　huǒjǐng　명 119(화재 신고 전화번호)

「一」는 본래「yī」로 발음하지만 번호를 읽을 때는「yāo」로 발음한다.

● # 전화 잘못 걸었습니다.

☑ 아래 대화의 장면을 연상하면서 10번 반복해서 읽어 봅시다.

1 2 3 4 5 6 7 8 9 10

金先生 # 对不起, 我打错了。
Duì bu qǐ, wǒ dǎ cuò le.
뛔이 부 치, 워 다 추오 러

王先生 # 没关系。
Méi guānxi.
메이 꾸안씨

✎ **어휘풀이**

对不起 duì bu qǐ 미안합니다
打错 dǎ cuò 동 잘못 걸다
没(没有) méi(méiyǒu) 동 없다
关系 guānxi 명 관계

해석

김 선생 : 미안합니다, 제가 전화를 잘못 걸었습니다.
왕 선생 : 괜찮습니다.

핵 심 어 구 설 명

● 「对不起 duì bu qǐ」, 「抱歉 bàoqiàn」은 사과의 표현으로 '미안하다'의 뜻이다.

● 「打错」는 '동사+보어' 형식으로 '전화를 잘못 걸다'라는 뜻이다.

看错了。
kàn cuò le.
잘못 보았다.

听错了。
tīng cuò le.
잘못 들었다.

보 충 회 화

A : 喂, 刘小姐在吗？
Wéi, Liú xiǎojie zài ma?
여보세요, 미스 유 있습니까?

B : 她不在, 你需要留话吗？
Tā bú zài, nǐ xūyào liúhuà ma?
없습니다, 메모를 남기시겠습니까?

---

*需要 xūyào 필요로 하다
留话 liúhuà 메시지를 남기다

306호 좀 연결해 주세요.

☑ 아래 대화의 장면을 연상하면서 10번 반복해서 읽어 봅시다.

① ② ③ ④ ⑤ ⑥ ⑦ ⑧ ⑨ ⑩

金先生　喂，总台吗？请转306号房间。
Wéi, zǒngtái ma? Qǐng zhuǎn sān líng liù hào fángjiān.
웨이 쭝타이 마? 칭 주안 싼 링 리우 하오 팡지엔

王先生　现在占线，请稍后再拨。
Xiànzài zhàn xiàn, qǐng shāo hòu zài bō.
시엔짜이 짠시엔, 칭 샤오 허우 짜이 뽀

팡팡 두 마디로 배우는 중국어

🖋 어휘풀이

总台　zǒngtái　명 교환대
转　zhuǎn　동 돌리다, 전달하다
占线　zhàn xiàn　동 (전화가) 통화중이다
稍　shāo　부 조금
拨　bō　동 전화를 걸다

해석

김 선생 : 여보세요, 교환입니까? 306호로 돌려주세요.

왕 선생 : 지금 통화중입니다, 잠시 후에 다시 전화 거세요.

핵심어구 설명

● 「总台 zǒngtái」는 건물을 대표하는 교환대를 말하고, 구내
에 있는 기타 전화교환대는 「分机 fēnjī」라고 한다.

● 전화번호를 알려 주는 전화 안내국은 「查号台 cháhàotái」라
고 한다.

● 「占线 zhàn xiàn」은 통화중의 뜻이다. 만일 전화가 고장나
서 통화가 안된다면 「电话打不通, 电话坏了。 Diànhuà dǎ
bù tōng, diànhuà huài le.」라고 말하면 된다.

보충회화

A : 请张先生听电话。

　　Qǐng Zhāng xiānsheng tīng diànhuà.
　　장 선생님 좀 바꿔 주세요.

B : 他不在, 请打他的手机。

　　Tā bú zài, qǐng dǎ tā de shǒujī.
　　없습니다, 그의 핸드폰으로 전화하세요.

---

*手机 shǒujī 圐 핸드폰

● 결과 보어

동작의 완성이나 동작의 결과를 표시해 주는 보어가 있
는 문장을 결과 보어 구조문이라고 한다. 결과 보어로는 주
로 동사나 형용사가 온다.

형용사 ― 吃**饱**了(배부르다)　　　睡**好**了(잘잤다)

동사　 ― 记**住**了 (기억했다)　　　学**会**了(배웠다)

■ 결과 보어 구조의 특성

1) 결과 보어는 주로 동사의 뒤에 놓이는데, 동사와 보어의
   중간에는 다른 성분을 끼워 넣을 수 없다. 시태 조사(了,
   过)도 보어 뒤에만 올 수 있다.

照完**了**相(○)　　　　　照相完了(×)

사진을 다 찍었다

打通电话**了**(○)　　　　打电话通了(×)

전화가 연결되었다

2) 결과 보어의 문장은 항상 동작의 완성과 실현을 나타낸다.
   보어 뒤에는 일반적으로 '了'를 동반한다.

3) 결과 보어가 있는 문장이 부정이 될 때는 '没' 혹은 '没
   有'가 사용되며 '了'는 없어진다.

吃饱了(배부르다) → **没吃饱**[不吃饱(×)]

学会了(배웠다) → **没学会**[没学会了(×)]

4) 주요 결과 보어

① **完** : 완료, 완성을 나타냄

用**完**了一个月的工资。　 Yòng wánle yí ge yuè de gōngzī.

한달 월급을 다 써 버렸다.

② **好** : 동작의 완성과 동시에 만족한 상태에 도달

我一定要学**好**汉语。　Wǒ yídìng yào xué hǎo Hànyǔ.

나는 반드시 중국어를 잘 배워야 한다.

③ **到** : ㉠ 도달, 도착 표시

他从上海回**到**了北京。

Tā cóng Shànghǎi huí dào le Běijīng.

그는 상하이에서 베이징으로 돌아왔다.

㉡ 목적의 달성 표시

我爸爸买**到**了新车。

Wǒ bàba mǎi dào le xīn chē.

우리 아빠는 새 차를 사셨다.

④ **着** : 목적의 달성

我十二点钟才睡**着**了。

Wǒ shí'èr diǎn zhōng cái shuì zháo le.

나는 12시에야 잠이 들었다.

⑤ **掉** : 동작이 분리되거나 떨어짐을 나타냄

把衣服上的墨水擦**掉**。

Bǎ yīfu shàng de mòshuí cā diào.

옷의 먹물을 닦아 버렸다.

⑥ **住** : 동작의 고정, 불변을 나타냄

他捉**住**了一只蝴蝶。

Tā zhuō zhù le yì zhī húdié.

그는 나비 한 마리를 잡았다.

⑦ **见** : 확실히 지각됨을 표시

我听**见**我爱人在唱歌呢!

Wǒ tīng jiàn wǒ àirén zài chàng gē ne!

나는 아내가 노래하는 것을 들었다.

➡ 다음 대화를 중국어와 한어병음으로 완성해 보세요.

1

A : Wéi,
   shì Wáng Dàmíng
   jiā ma?
B : (   ),
   nín zhǎo (   )?

2

A : 喂, 刘小姐(   )吗?
B : 她不(   ),
   您是哪一位?

3

A : 抱歉! 我打错了。
B : (   )。

4

A : Wéi, zǒngtái ma?
   Qǐng zhuǎn
   sān líng liù hào fángjiān.
B : Xiànzài (   ),
   qǐng shāo hòu zài bō.

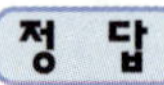
정 답

1. shì, shéi   **2.** 在, 在   **3.** 没关系   **4.** zhàn xiàn

어휘 늘리기 · 전화 관련 용어

02 - 969-○○○○

区域号码 qūyù hàomǎ
지역번호

电话号码 diànhuà hàomǎ
전화번호

听筒 tīngtǒng
수화기

手机 shǒujī
휴대전화

电话机 diànhuàjī
전화기

号码盘 hàomǎpán
전화 다이얼

市内电话 shìnèi diànhuà 시내전화
长途电话 chángtú diànhuà 장거리 전화
国内电话 guónèi diànhuà 국내전화
国际电话 guójì diànhuà 국제전화
北京站问讯处 Běijīngzhàn wènxùnchù
북경역 안내처(65654432)
首都机场问讯处 Shǒudū Jīchǎng wènxùnchù
북경 공항 안내소(2580)
匪警 fěijǐng 공안국(110)   急救 jíjiù 응급구조(120)

间	间	间					

` ｀ 亻 门 问 问 间 间 　jiān　[間 간]

码	码	码					

一 丆 石 石 矿 码 码 　mǎ　[碼 마]

错	错	错					

ノ 钅 钅 钅 钳 铧 错 　cuò　[錯 착]

总	总	总					

丷 丷 凶 总 总 总 总 　zǒng　[總 총]

机	机	机					

一 十 才 木 机 机 　jī　[機 기]

转	转	转					

一 土 圡 车 轩 转 转 　zhuǎn　[轉 전]

电	电	电					

丨 冂 日 日 电 　diàn　[電 전]

线	线	线					

ノ 纟 纟 纟 纤 线 线 线 　xiàn　[線 선]

找	找	找					

一 十 扌 扌 找 找 找 　zhǎo　[조]

听	听	听					

丨 冂 口 口 听 听 听 　tīng　[聽 청]

중국 각 지역 D.D.D.와 우편번호

지명	D.D.D.	우편번호	지명	D.D.D.	우편번호
北京市(베이징)	010	100000	长春(창춘)	0431	130000
上海市(상하이)	021	300000	吉林(지린)	0432	132000
天津市(톈진)	022	200000	延吉(옌지)	0433	133000
重庆市(충칭)	023	400000	黑龙江省(흑룡강성)		
河北省(하북성)			哈尔滨(하얼빈)	0451	150000
石家庄(스자좡)	0311	050000	齐齐哈尔(치치하얼)	0452	161000
保定(바오딩)	0312	071000	牡丹江(무단장)	0453	157000
张家口(장자커우)	0313	075000	江苏省(강소성)		
承德(청더)	0314	067000	南京(난징)	025	210000
唐山(탕산)	0315	063000	苏州(쑤저우)	0512	215000
秦皇岛(친황다오)	0335	066000	徐州(쉬저우)	0516	221000
山西省(산서성)			常州(창저우)	0519	213000
太原(타이위안)	0351	030000	无锡(우시)	0510	214000
大同(다퉁)	0352	037000	山东省(산동성)		
河南省(하남성)			济南(지난)	0531	250000
郑州(정저우)	0371	450000	青岛(칭다오)	0532	266000
新乡(신샹)	0373	453000	烟台(옌타이)	0535	264000
洛阳(뤄양)	0379	471000	浙江省(절강성)		
内蒙古(내몽고)			杭州(항저우)	0571	310000
呼和浩特(후허하오터)	0471	010000	宁波(닝보)	0574	315000
包头(바오터우)	0472	014000	绍兴(샤오싱)	0575	312000
集宁(지닝)	0474	012000	安徽省(안휘성)		
辽宁省(요녕성)			合肥(허페이)	0551	230000
沈阳(선양)	024	110000	马鞍山(마안산)	0555	243000
大连(다롄)	0411	116000	安庆(안칭)	0556	246000
营口(잉커우)	0417	115000	黄山(황산)	0559	242700
吉林省(길림성)			福建省(복건성)		

지명	D.D.D.	우편번호	지명	D.D.D.	우편번호
福州(푸저우)	0591	350000	绵阳(미엔양)	0816	621000
厦门(샤먼)	0592	361000	贵州省(귀주성)		
泉州(취안저우)	0595	362000	贵阳(구이양)	0851	550000
湖北省(호북성)			云南省(운남성)		
武汉(우한)	027	430000	昆明(쿤밍)	0871	650000
宜昌(이창)	0717	443000	大理(따리)	0872	671000
十堰(스옌)	0719	442000	海南省(해남성)		
湖南省(호남성)			海口(하이커우)	0898	570000
长沙(창사)	0731	410000	三亚(싼야)	0899	572000
株洲(주저우)	0733	412000	西藏自治区(서장자치구)		
衡阳(헝양)	0734	421000	拉萨(라싸)	0891	850000
岳阳(웨양)	0730	414000	陕西省(섬서성)		
广东省(광동성)			西安(시안)	029	710000
广州(광저우)	020	510000	延安(옌안)	0911	716000
汕头(산터우)	0754	512000	宝鸡(바오지)	0917	721000
深圳(선전)	0755	518000	甘肃省(감숙성)		
珠海(주하이)	0756	519000	兰州(란저우)	0931	730000
广西省(광서성)			酒泉(주취안)	0937	735000
南宁(난닝)	0771	530000	宁夏回族自治区(영하회족자치구)		
柳州(류저우)	0772	545000	银川(인촨)	0951	750000
桂林(구이린)	0773	541000	青海省(청해성)		
江西省(강서성)			西宁(시닝)	0971	810000
南昌(난창)	0791	330000	新疆维吾尔自治区(신강위구르 자치구)		
九江(주장)	0792	332000	乌鲁木齐(우루무치)	0991	830000
景德镇(징더쩐)	0798	333000	石河子(스허즈)	0993	832000
四川省(사천성)			昌吉(창지)	0994	831100
成都(청두)	028	610000	吐鲁番(투루판)	0995	838000
攀枝花(판즈화)	0812	617000	尹犁(이리)	0999	835000

12. 올림픽

올림픽은 어디에서?

☑ 아래 대화의 장면을 연상하면서 10번 반복해서 읽어 봅시다.

① ② ③ ④ ⑤ ⑥ ⑦ ⑧ ⑨ ⑩

王小姐　2008年的奥运会在哪儿举行？
Èr líng líng bā nián de Àoyùnhuì zài nǎr jǔxíng?
얼 링 링 빠 니엔 더 아오윈훼이 짜이 날 쮜싱

王先生　在北京举行。
Zài Běijīng jǔxíng.
짜이 베이징 쮜싱

팡팡 두 마디로 배우는 중국어

어휘풀이

奥运会　Àoyùnhuì　몡　올림픽

在　zài　몡　있다

哪儿　nǎr　때　어디

举行　jǔxíng　동　거행하다, 개최하다

해석

왕　양 : 2008년 올림픽은 어디에서 개최됩니까?
왕 선생 : 베이징에서 개최됩니다.

핵 심 어 구 설 명

● 「2008年的奥运会」는 '수식어+的+중심어' 형식으로 「的」는 수식 관계를 나타내는 결구 조사이다.

这是我的自行车。
Zhè shì wǒde zìxíngchē.
이것은 나의 자전거입니다.

● 「在」는 동사·전치사·진행 부사로 쓰이는데 본문에서는 전치사로 쓰였다.

我在北京学习。
Wǒ zài Běijīng xuéxí.
나는 베이징에서 공부합니다.

보 충 회 화

A : 1988年的奥运会在哪儿举行了？
Yī jiǔ bā bā nián de Àoyùnhuì zài nǎr jǔxíng le?
1988년의 올림픽은 어디에서 열렸습니까?

B : 在韩国汉城举行了。
Zài Hánguó Hànchéng jǔxíng le.
한국의 서울에서 열렸습니다

언제 시합이 시작됩니까?

☑ 아래 대화의 장면을 연상하면서 10번 반복해서 읽어 봅시다.

① ② ③ ④ ⑤ ⑥ ⑦ ⑧ ⑨ ⑩

王先生　**比赛什么时候开始？**
Bǐsài shénme shíhou kāishǐ?
비싸이 션머 스허우 카이스

金先生　**马上就开始了。**
Mǎshàng jiù kāishǐ le.
마상 찌우 카이스 러

✎ **어휘풀이**

比赛　bǐsài　명동 시합(하다)
什么时候　shénme shíhou　때 언제
开始　kāishǐ　동 시작하다
马上　mǎshàng　부 즉시, 곧

해석

왕 선생 : 시합이 언제 시작합니까?
김 선생 : 곧 시작합니다.

핵심어구 설명

● 본문에서 「比赛 bǐsài」는 명사이며, '시합'의 뜻이다.

这次比赛谁赢了？

Zhè cì bǐsài shéi yíng le?

이번 시합에서 누가 이겼습니까?

● 「什么 ; 무슨」과 「时候 ; 때」는 '무슨 때' 즉 '언제'라는 뜻이다.

你什么时候放暑假？

Nǐ shénme shíhou fàng shǔ jià?

당신은 언제 여름 방학입니까?

보충회화

A : 下届世界杯什么时候在哪儿举行？

Xià jiè Shìjièbēi shénme shíhou zài nǎr jǔxíng?

다음 월드컵은 언제 어디에서 개최됩니까？

B : 2006年在德国举行。

Èr líng líng liù nián zài Déguó jǔxíng.

2006년에 독일에서 거행됩니다.

---

*届 jiè 명 회   德国 Déguó 명 독일

举行 jǔxíng 동 거행하다   世界杯 Shìjièbēi 명 월드컵

어느 팀과 시합합니까?

☑ 아래 대화의 장면을 연상하면서 10번 반복해서 읽어 봅시다.

1️⃣ 2️⃣ 3️⃣ 4️⃣ 5️⃣ 6️⃣ 7️⃣ 8️⃣ 9️⃣ 🔟

金先生　**谁跟谁比赛？**
Shéi gēn shéi bǐsài?
세이 껀 세이 비싸이

王先生　**北京队跟广东队。**
Běijīngduì gēn Guǎngdōngduì.
베이징뛔이 껀 광둥뛔이

✎ **어휘풀이**

谁　shéi　때 누구
跟　gēn　접 ～와
队　duì　명 팀
广东　Guǎngdōng　명 광동(지명)

해석

김 선생 : 어디와 어디가 시합합니까?
왕 선생 : 북경팀과 광동팀입니다.

핵심어구 설명

● 「跟」은 접속사로 사용되면 '~와, ~과'로 해석된다.

你跟我一起去吧。
Nǐ gēn wǒ yìqǐ qù ba.
당신은 나와 같이 갑시다.

我跟他是弟兄。
Wǒ gēn tā shì dìxiong.
나와 그는 형제입니다.

보충회화

A : 中国跟韩国哪一个队强?
Zhōngguó gēn Hánguó nǎ yí ge duì qiáng?
중국과 한국 중 어느 팀이 강합니까?

B : 韩国队强。
Hánguóduì qiáng.
한국 팀이 강합니다.

*哪(nǎ)는 '어느'라는 의문사이고, 一个队(yí ge duì)는 '한 개 팀'이라는 뜻으로, 합쳐서 '어느 팀'이라는 뜻이 된다.

지금 몇 대 몇인가요?

☑ 아래 대화의 장면을 연상하면서 10번 반복해서 읽어 봅시다.

1 2 3 4 5 6 7 8 9 10

王先生　**现在几比几？**
Xiànzài jǐ bǐ jǐ?
시엔짜이 지 비 지

金先生　**一比一平了。**
Yī bǐ yī píng le.
이 비 이 핑 러

짱짱 두 마디로 배우는 중국어

✎ 어휘풀이

现在　xiànzài　몡 지금, 현재
比　bǐ　몡 비율
一比一　yī bǐ yī　1대 1(비율)
平　píng　혱 균등하다, 공평하다

해석

왕 선생 : 지금 몇 대 몇인가요?
김 선생 : 1대 1로 비겼습니다.

핵심어구 설명

● 「比」는 비율을 나타내는 말로, 1대 1은 「一比一」, 2대 1은 「二比一」로 표현한다.

韩国队以二比一赢了。

Hánguóduì yǐ èr bǐ yī yíng le.

한국 팀이 2대 1로 이겼다.

● '비겼다'는 표현을 할 때는 「平」을 쓴다.

互相平了。

Hùxiāng píng le.

서로 비겼다.

A : 昨天英国队输了吗？

Zuótiān Yīngguóduì shū le ma?

어제 영국 팀이 졌나요?

B : 不, 英国队以二比零赢了。

Bù, Yīngguóduì yǐ èr bǐ líng yíng le.

아닙니다, 영국 팀이 2대 0으로 이겼습니다.

---

*以 yǐ （전）~으로　　　　　　　赢 yíng （동）이기다

英国 Yīngguó （명）영국(지명)　输 shū （동）지다

무슨 운동을 좋아하세요?

☑ 아래 대화의 장면을 연상하면서 10번 반복해서 읽어 봅시다.

1 2 3 4 5 6 7 8 9 10

金先生　**你喜欢做什么运动？**
Nǐ xǐhuan zuò shénme yùndòng?
니 씨환 쭈오 션머 윈뚱

王先生　**我喜欢踢足球。**
Wǒ xǐhuan tī zúqiú.
워 씨환 티 주치우

팡팡 두 마디로 배우는 중국어

✎ **어휘풀이**

喜欢 xǐhuan 동 좋아하다
运动 yùndòng 명 운동
踢 tī 동 차다
足球 zúqiú 명 축구

해 석

김 선생 : 당신은 무슨 운동을 좋아하십니까?
왕 선생 : 나는 축구를 좋아합니다.

핵 심 어 구 설 명

● 「喜欢」은 '좋아하다'의 뜻으로 부정형은 「不喜欢」이다.

你喜不喜欢看棒球比赛？

Nǐ xǐ bu xǐhuan kàn bàngqiú bǐsài?

당신은 야구 시합 보는 것을 좋아합니까?

● 「踢 tī」는 '발로 차다'라는 뜻이다.

踢足球

tī zúqiú

축구를 하다

보 충 회 화

A : 你喜不喜欢听音乐？

Nǐ xǐ bu xǐhuan tīng yīnyuè?

당신은 음악 듣는 것을 좋아합니까?

B : 我很喜欢听音乐。

Wǒ hěn xǐhuan tīng yīnyuè.

나는 음악 듣기를 매우 좋아합니다.

*音乐 yīnyuè 몡 음악

Part 6

수영 실력이 어떠세요?

☑ 아래 대화의 장면을 연상하면서 10번 반복해서 읽어 봅시다.
1️⃣ 2️⃣ 3️⃣ 4️⃣ 5️⃣ 6️⃣ 7️⃣ 8️⃣ 9️⃣ 🔟

金先生　你游泳游得怎么样?
Nǐ yóuyǒng yóu de zěnmeyàng?
니 여우용 여우 더 쩐머양

王先生　还可以。
Hái kěyǐ.
하이 커이

✏ 어휘풀이

游泳　yóuyǒng　동　수영하다
得　de　조　정도 보어 조사
还　hái　부　그런 대로
可以　kěyǐ　조동　좋다, 괜찮다, 할 수 있다

해석

김 선생 : 수영 실력이 어떻습니까?
왕 선생 : 그저 그렇습니다.

핵심어구 설명

● 정도 보어 구문은 '동사나 형용사+得+보어'의 형태로, 동사나 형용사의 정도를 나타낼 때 쓰인다.

他说得很好。

Tā shuō de hěn hǎo.

그는 매우 말을 잘 합니다.

他跳舞跳得很好。

Tā tiào wǔ tiào de hěn hǎo.

그는 춤을 매우 잘 춥니다.

● 「还可以」는 「还」의 '꽤, 그런대로'와 「可以」의 '좋다'의 뜻이 합쳐져서 '그런대로 괜찮다'의 뜻으로 쓰였다.

보충회화

A : 他乒乓球打得怎么样?

Tā pīngpāngqiú dǎ de zěnmeyàng?

그는 탁구를 잘 합니까?

B : 打得很漂亮。

Dǎ de hěn piàoliang.

매우 잘 합니다.

*漂亮 piàoliang 휑 뛰어나다   乒乓球 pīngpāngqiú 몡 탁구

● 정도 보어

동사나 형용사 뒤에 쓰여 동작이나 상태가 어느 정도 도달했는가를 나타내는 것을 정도 보어라고 한다.

1. 구조

1) 빈어가 없을 경우 : 주어+동사+得+보어

他起**得**早。 Tā qǐ de zǎo. 그는 일찍 일어난다.

2) 빈어가 있을 경우 : 주어+동사+빈어+동사+得+보어

她说英语说**得**好。 Tā shuō Yīngyǔ shuō de hǎo.

그녀는 영어회화를 잘한다.

2. 부정문 : 동사나 형용사 앞에 '不'를 사용하지 않고 보어 앞에 '不'를 사용한다.

她说汉语说**得不**好。 Tā shuō Hànyǔ shuō de bù hǎo.

그녀는 중국말을 잘 못한다.

● 가능 보어

동사술어 뒤에 쓰여서 동작의 달성, 상황 등을 보충 설명하는 성분을 가능 보어라고 한다. 중심어와 가능 보어 사이에 반드시 得가 들어가며 목적어는 가능 보어 뒤에 쓴다.

1. 형식 : 동사+得+보어+(목적어)

回**得**来。 Huí de lái. 돌아올 수 있다.

2. 부정 : 동사+不+보어 ← 得 자리에 不를 쓴다.

回**不**来。 Huí bu lái 돌아올 수 없다.

3. 의문문 : 가능 보어 진술문+吗/가능 보어 긍정+부정

你明天回**得**来吗? Nǐ míngtiān huí de lái ma?

당신은 내일 돌아올 수 있습니까?

你明天回**得**来回不来? Nǐ míngtiān huí de lái huí bu lái?

당신은 내일 돌아올 수 있습니까 없습니까?

만화로 익히는 연습문제

➡ 다음 대화를 중국어나 한어병음으로 완성해 보세요.

1

A : 2008年的奥运会
　　（　　　）举行？
B : 在北京举行。

2

A : 谁（　　）谁比赛？
B : 北京队（　　）广东队。

3

A : Xiànzài jǐ bǐ jǐ?
B : Yī （　） yī píng le.

4

A : Nǐ （　　　） zuò
　　shénme yùndòng?
B : Wǒ xǐhuan （　　）
　　zúqiú.

정 답

1. 在哪儿　　**2.** 跟, 跟　　**3.** bǐ　　**4.** xǐhuan, tī

야구 棒球 bàngqiú

탁구 乒乓球 pīngpāngqiú

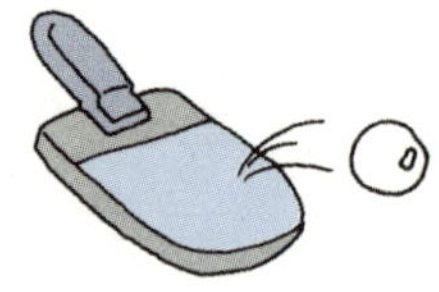

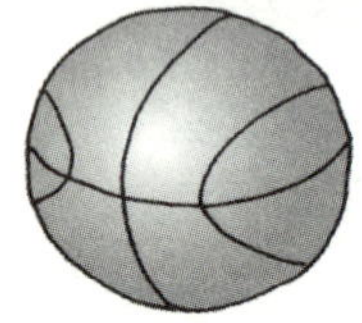

농구 篮球 lánqiú   배구 排球 páiqiú   축구 足球 zúqiú

권투 拳击 quánjī   역도 举重 jǔzhòng
유도 柔道 róudào   다이빙 跳水 tiàoshuǐ
육상경기 田径赛 tiánjìngsài
레슬링 摔跤 shuāijiāo   체조 体操 tǐcāo
배드민턴 羽毛球 yǔmáoqiú
태권도 跆拳道 táiquándào
테니스 网球 wǎngqiú   사격 射击 shèjī
펜싱 击剑 jījiàn   수영 游泳 yóuyǒng
양궁 射箭 shèjiàn   승마 骑马 qímǎ

중국어로 써 봅시다

奥	奥	奥					

广 门 用 向 向 甸 奥　ào　[오]

举	举	举					

丷 丷 屵 兴 兴 巻 举　jǔ　[擧 거]

赛	赛	赛					

宀 宀 审 审 実 塞 赛　sài　[賽 새]

广	广	广					

丶 亠 广　guǎng　[廣 광]

东	东	东					

一 七 车 夯 东　dōng　[東 동]

队	队	队					

丨 阝 阝 队 队　duì　[隊 대]

游	游	游					

氵 氵 汸 汸 汸 游 游　yóu　[유]

输	输	输					

一 七 车 轮 轮 输 输　shū　[輸 륜]

运	运	运					

一 二 云 云 运 运 运　yùn　[運 운]

动	动	动					

一 二 云 云 动 动　dòng　[動 동]

중국의 지역 특산물

▶감숙(甘肃)
- 하곡마(河曲马) : 말
- 천수과(天水瓜) : 참외
- 당주수연(当州水烟) : 당주
  의 수연

▶강서(江西)
- 여강마(余江麻) : 여강의 삼
  베
- 남풍귤(南丰橘) : 남풍의 귤
- 경덕진자기(景德镇瓷器) : 경
  덕진의 자기

▶강소(江苏)
- 함판압(咸板鸭) : 오리
- 진강초(镇江醋) : 진강의
  식초
- 소수공예(苏绣工艺) : 수
  공예품

▶광동(广东)
- 공부차(功夫茶) : 공부차
- 밀파라(蜜菠萝) : 무우
- 대향초(大香蕉) : 바나나

▶광서(广西)
- 사전수(沙田柚) : 건조 지역
  에서 흙 속의 수분을 유지하
  기 위해 크고작은 돌멩이를
  깔아놓은 밭에서 나는 유자

▶심강어(深江鱼) : 심강에서
  나는 물고기
- 합포진주(合蒲珍珠) : 진주

▶내몽고(内蒙古)
- 몽고마(蒙古马) : 몽고의 말
- 포두강(包头钢) : 내몽고 포
  두 지방의 철
- 축피화모(畜皮和毛) : 가축
  의 가죽과 털

▶동북(东北)
- 자초피(紫貂皮) : 검은 담비
  가죽
- 오랍초(乌拉草) : 동북지방
  에서 방한을 위하여 오랍초
  를 넣어 신을 만든다.
- 길림인삼(吉林人参) : 길림
  의 인삼

▶대만(台湾)
- 세초석(细草席) : 가는 풀로
  짠 자리
- 감자탕(甘蔗糖) : 사탕수수
- 장뇌(樟脑) : 장뇌

▶복건(福建)
- 대계원(大桂圆) : 용안(龙眼)
  의 다른 이름
- 백숙간(白笋干) : 죽순
- 수산조(寿山雕) : 수산의 조
  각품

▶북경(北京)
- 경태람(景泰蓝) : 명(明)경태 연간에 동그릇 표면에 무늬를 내고 파란색을 발라서 구워낸 공예품
- 상아조(象牙雕) : 상아로 만든 조각품
- 옥기(玉器) : 옥으로 만든 제품

▶사천(四川)
- 천자차(川子茶) : 2년생 초본식물, 사천성에서 주로 나며 뿌리줄기를 그늘에 말린 소금에 절인 다음 짜서 물기를 뺀 뒤 고추, 산초열매, 생강, 감초, 회향, 소주 따위를 넣어 절인 식품.
- 백공염(白贡盐) : 자연 소금
- 천부화생(天府花生) : 땅콩

▶산동(山东)
- 평양리(萍阳梨) : 평양의 배
- 연태평과(烟台苹果) : 연태의 사과
- 청도구조공예(青岛具雕工艺) : 청도의 조개 조각품

▶산서(山西)
- 번치철(繁峙铁) : 번치의 철
- 대동매(大同煤) : 대동의 석탄

- 행화분주(杏花汾酒) : 술(죽엽청주). 분주는 산서성 분양현 행화촌에서 생산되는 술로 죽엽청주(竹叶清酒)라고도 한다.

▶서장(西藏)
- 강자담(江孜毯) : 카펫
- 납화(拉靴) : 나사의 신발
- 일객칙보로(日喀则普鲁) : 야크털로 짠 검은색 또는 다갈색의 모포

▶신강(新疆)
- 화전옥(和田玉) : 옥
- 합밀과(哈密瓜) : 하미과, 신강성의 하미에서 나는 참외
- 토로번포도(吐鲁番葡萄) : 포도

▶안휘(安徽)
- 흡현묵(翕县墨) : 흡현의 먹
- 용미연(龙尾砚) : 벼루
- 경현선지(经县宣纸) : 화선지

▶운남(云南)
- 보이차(普洱茶) : 차. 보이는 대리현(大理县)에 있는 호수, 모양이 귀처럼 생김
- 대리석(大理石) : 대리석
- 운남백약(云南白药) : 운남의 백작약

▶절강(浙江)
- 항주금(杭州锦) : 항주의 비단
- 용정차(龙井茶) : 차
- 금화화퇴(金华火腿) : 중국 절강성 금화에서 나는 소금에 절인 돼지 뒷다리 훈제햄

▶천진(天津)
- 눈압리(嫩鸭梨) : 물이 많고 연한 배
- 소롱포(小笼包) : 만두
- 양향률자(良乡栗子) : 밤

▶하남(河南)
- 남양우(南阳牛) : 소
- 탕산리(汤山梨) : 탕산의 배
- 허창연초(许昌烟草) : 허창의 연초

▶하북(河北)
- 기남면(冀南棉) : 면
- 심주도(深州桃) : 심주의 복숭아
- 고원마고(沽源蘑菇) : 고원의 버섯

▶호남(湖南)
- 동정연(洞庭莲) : 동정의 연꽃
- 무강아(武冈鹅) : 무강의 거위

- 영향종저(宁乡种猪) : 돼지

▶호북(湖北)
- 수삼수(水杉树) : 수삼나무
- 인화포(印花布) : 날염한 무명, 날염포
- 래봉동유(来凤桐油) : 기름

13. 인터넷

● 이메일 있어요?

☑ 아래 대화의 장면을 연상하면서 10번 반복해서 읽어 봅시다.

① ② ③ ④ ⑤ ⑥ ⑦ ⑧ ⑨ ⑩

崔先生　　你有没有电邮?
Nǐ yǒu méi yǒu diànyóu?
니 여우 메이여우 띠엔여우

孙小姐　　有, 我的电邮地址是nihao@ zhong guo.net。
Yǒu, wǒ de diànyóu dìzhǐ shì
여우, 워 더 띠엔여우 띠즈 스

빵빵 두 마디로 배우는 중국어

✎ 어휘풀이

有　yǒu　⑧ 있다
没有　méiyǒu　⑧ 없다
电邮　diànyóu　⑲ e-mail
地址　dìzhǐ　⑲ 주소

해석

최 선생 : 이메일 있어요?
손　양 : 있어요, 제 메일 주소는 nihao@zhongguo.net
　　　　　이에요.

핵 심 어 구 설 명

● 「电邮」는 '전자우편, 이메일'이란 뜻으로 「电子邮件 diànzǐ yóujiàn」의 줄임말이다. 중국인들은 일반적으로 「电邮」라고 말한다.

用电邮发过来吧。
Yòng diànyǒu fā guò lái ba.
이메일로 보내 주세요.

在网上发电邮。
Zài wǎngshang fā diànyǒu.
인터넷에서 이메일을 보냅니다.

보 충 회 화

A: 你电脑打得怎么样?　너 컴퓨터 잘하니?
Nǐ diànnǎo dǎ de zěnmeyàng?

B: 不太好。　별로 못해.
Bú tài hǎo.

---

*电脑 diànnǎo 명 컴퓨터

우리 pc방에 가자.

☑ 아래 대화의 장면을 연상하면서 10번 반복해서 읽어 봅시다.

1 2 3 4 5 6 7 8 9 10

张同学　**下课后，我们去网吧，怎么样？**
Xià kè hòu, wǒmen qù wǎngba, zěnmeyàng?
시아 커 허우, 워먼 취 왕바, 쩐머양

金同学　**好。不见不散！**
Hǎo. Bú jiàn bú sàn.
하오. 부 지엔 부 싼

✎ 어휘풀이

下课　xià kè　수업을 마치다
后　hòu　명 뒤, 후
网吧　wǎngba　명 PC방
不见不散　bú jiàn bú sàn　만날 때까지 기다린다

해 석

장 학우 : 수업을 마친 후 우리 PC방에 가자. 어때?
김 학우 : 좋아. 꼭 와야 돼!

핵심어구 설명

● 「网吧」는 'PC방'의 뜻이다. 「网」은 '그물(網), 네트워크', 「吧」는 영어의 'Bar'에서 온 말로 합성외래어이다.

北京的网吧多了。

Běijīng de wǎngba duō le.

베이징에 PC방이 많아졌다.

我每天去网吧。

Wǒ měitiān qù wǎngba.

나는 매일 PC방에 간다.

보 충 회 화

A : 使用因特网有什么好处？

Shǐyòng yīntèwǎng yǒu shénme hǎochù?

인터넷을 사용하면 어떤 좋은 점이 있나요?

B : 可以得到各种信息。

Kěyǐ dé dào gèzhǒng xìnxī.

각종 정보를 얻을 수 있습니다.

---

*因特网 yīntèwǎng 몡 인터넷

信息 xìnxī 몡 정보

Part 3

● **인터넷에 자주 접속합니까?**

☑ 아래 대화의 장면을 연상하면서 10번 반복해서 읽어 봅시다.

1 2 3 4 5 6 7 8 9 10

张同学
你常上网吗?
Nǐ cháng shàng wǎng ma?
니 창 상 왕 마

金同学
不, 我最近比较忙。
Bù, wǒ zuìjìn bǐjiào máng.
뿌 워 쭈에진 비자오 망

짱짱 두 마디로 배우는 중국어

✎ 어휘풀이 ●

常 cháng 🖁 항상, 늘
上网 shàng wǎng (인터넷에) 접속하다
最近 zuìjìn 🖁 최근
比较 bǐjiào 🖁 비교적

해 석

장 학우 : 너 자주 접속하니?
김 학우 : 아니, 나 요즘 비교적 바빠.

핵심어구 설명

● 「网」은 원래 '그물, 네트워크'의 뜻을 가지고 있지만 여기서는 동사 「上」과 함께 쓰여 '인터넷에 접속하다'의 뜻이 된다.

你可以教我上网的方法吗?
Nǐ kěyǐ jiāo wǒ shàng wǎng de fāngfǎ ma?
너 나에게 인터넷 접속 방법을 가르쳐 줄래?

上网的方法很简单。
Shàngwǎng de fāngfǎ hěn jiǎndān.
인터넷 접속 방법은 아주 간단하다.

보충회화

A : 网上购物又便宜又省时。
Wǎngshang gòu wù yòu piányi yòu shěng shí.
인터넷 쇼핑은 값도 싸고 시간도 절약할 수 있습니다.

B : 所以最近流行网上购物。
Suǒyǐ zuìjìn liúxíng wǎngshang gòu wù.
그래서 요즘 인터넷 쇼핑이 유행하고 있지요.

---

*购物　gòu wù　동 물건을 사다
省时　shěngshí　동 시간을 절약하다
流行　liúxíng　명동 유행(하다)

Part 4

오늘 저녁 우리 채팅하자.

☑ 아래 대화의 장면을 연상하면서 10번 반복해서 읽어 봅시다.

1 2 3 4 5 6 7 8 9 10

金小姐　**今晚我们来上网聊天吧!**
Jīn wǎn wǒmen lái shàng wǎng liáotiān ba!
진 완 워먼 라이 상 왕 랴오티엔 바

李小姐　**好, 待会儿在网上见!**
Hǎo, dài huìr zài wǎngshang jiàn!
하오 따이 휠 짜이 왕상 지엔

짱짱 두 마디로 배우는 중국어

어휘풀이

今晚　jīn wǎn　몡 오늘밤
上网　shàng wǎng　통 접속하다
聊天　liáotiān　통 이야기를 나누다, 채팅하다
待会儿　dài huìr　뷔 잠시 후에

해석

김 양 : 우리 오늘밤에 채팅하자.
이 양 : 좋아, 이따가 온라인에서 봐.

핵심어구 설명

● 「聊天」은 원래 '한담하다', '이야기를 나누다'의 뜻이다.
여기에서는 「聊天室(채팅방)」에서 나온 말로 '채팅하다'의
뜻이 된다.

在因特网上可以聊天。
Zài yīntèwǎngshang kěyǐ liáotiān.
인터넷으로 채팅을 할 수 있어요.

我对上网聊天不感兴趣。
Wǒ duì shàng wǎng liáotiān bù gǎn xìngqù.
나는 채팅에 흥미가 없어요.

A: 你需要一台电脑吗？
Nǐ xūyào yì tái diànnǎo ma?
너 컴퓨터 (한 대) 필요하니?

B: 不用了，我已经有笔记本电脑。
Bú yòng le, wǒ yǐjing yǒu bǐjìběn diànnǎo.
아니 필요 없어, 난 이미 노트북을 가지고 있어.

---

*笔记本电脑 bǐjìběn diànnǎo 몡 노트북 컴퓨터
台 tái 양 대(컴퓨터, TV 등을 셀 때 쓰는 양사)

이것이 저의 홈페이지입니다.

☑ 아래 대화의 장면을 연상하면서 10번 반복해서 읽어 봅시다.

1 2 3 4 5 6 7 8 9 10

金同学 **你看看, 这是我的网页。**
Nǐ kànkan, zhè shì wǒ de wǎngyè!
니 칸칸 쩌 스 워 더 왕에

张同学 **真漂亮! 你一定花了不少心血。**
Zhēn piàoliang! Nǐ yídìng huā le bù shǎo xīnxuè.
쩐 피야오량 니 이띵 화 러 뿌 샤오 씬쉬에

팡팡 두 마디로 배우는 중국어

🖊 어휘풀이

网页　wǎngyè　명　홈페이지
漂亮　piàoliang　형　멋지다, 예쁘다
一定　yídìng　부　꼭, 틀림없이
花　huā　동　쓰다, 소모하다
不少　bù shǎo　적지 않다
心血　xīnxuè　명　심혈

해석

김 학우 : 너 좀 보렴, 이것이 나의 홈페이지야.
장 학우 : 정말 멋지다. 너 많은 심혈을 기울였겠구나.

핵심어구 설명

● 「花」는 명사로 쓰이면 '꽃', 동사로 쓰이면 '소비하다', '돈을 쓰다'의 뜻이 된다.

花开了。
Huā kāi le.
꽃이 피었다.

今天花了不少钱。
Jīntiān huāle bù shǎo qián.
오늘 많은 돈을 썼다.

보충회화

A : 你明天应该小心CIH电脑病毒。
Nǐ míngtiān yīnggāi xiǎoxīn CIH diànnǎo bìngdú.
너 내일 CIH 바이러스 조심해야 한다.

B : 别担心, 已经换了日子。
Bié dān xīn, yǐjing huànle rìzi.
걱정 안 해도 돼, 이미 날짜를 바꾸었어.

---

*电脑病毒 diànnǎo bìngdú 몡 컴퓨터 바이러스
小心 xiǎn xīn 통 조심하다   担心 dān xīn 통 걱정하다
日子 rìzi 몡 날짜

● 형용사 · 동사의 중첩

1. 동사의 중첩

많은 동사는 '说说, 看看, 研究研究' 등과 같이 중첩하여 쓸 수 있다.

1) 동사는 중첩하여 쓰면 다음과 같은 뜻이 된다.

① 짧은 동작, 반복 표시

她摇摇头走了出去。 Tā yáoyaotóu zǒu le chū qù.

그녀는 고개를 저으며 나가 버렸다.

② 홀가분함, 가벼움 표시

我听了听音乐。 Wǒ tīng le tīng yīnyuè.

나는 가볍게 음악을 들었다.

③ 시도의 의미 표시

我试一试这件衣服。 Wǒ shì yi shì zhè jiàn yīfu.

이 옷 한번 입어 볼래요.

2) 중첩 형식

① 단음절 동사 : A ⇒ AA, A一A, A了A

看 ⇒ 看看, 看一看, 看了看

念 ⇒ 念念, 念一念, 念了念

② 쌍음절 동사 : AB ⇒ ABAB, AB了AB

学习 ⇒ 学习学习, 学习了学习

休息 ⇒ 休息休息, 休息了休息

※ 동작이나 행위를 나타내는 동사(看, 听, 走, 坐), 사유 활동을 의미하는 동사(想, 考虑)는 중첩할 수 있지만, 방향·심리 상태·변화·존재·판단 등을 나타내는 동사는 중첩할 수 없다.

2. 형용사의 중첩

1) 일부 형용사는 중첩이 가능하며 그 정도가 더욱 강해진
다.

长长的鼻子

chángcháng de bízi

기다란 코

   또한 중첩 후 앞쪽에는 '很, 太' 등의 정도를 표시하는
단어를 쓸 수 있다.

2) 중첩 형식
  ① 단음절 형용사 : A ⇒ AA
    好 ⇒ 好好
  ② 일반 쌍음절 형용사 : AB, AABB
    高兴 ⇒ 高高兴兴
  ③ 복합 쌍음절 형용사 : AB, ABAB
    雪白 ⇒ 雪白雪白

3) 중첩된 형용사는 반드시 어미에 조사 '的'나 '地'를 첨
가해야 한다.

那个**红红**的苹果真好吃。

Nà ge hónghóng de píngguǒ zhēn hǎochī.

그 빨간 사과는 정말 맛있다.

我们**高高兴兴**地喝酒。

Wǒmen gāogāo‑xìngxìng de hē jiǔ.

우리들은 즐겁게 술을 마셨다.

➡ 다음 대화를 한어병음으로 완성해 보세요.

1

A : Nǐ diànnǎo dǎ de
（　　　　　　）?
B : 不太好。

2

A : Jīn wǎn wǒmen lái
（　　　）liáotiān ba!
B : 好, 待会儿在网上见!

3

A :（　　　　　　　　）?
B : 有, 我的邮电邮地址是
nihao@zhongguo.net。

4

A : Xià kè hòu wǒmen qù
（　　　）, zěnmeyàng?
B : 好。

정 답

1. zěnmeyàng　　**2.** shàng wǎng　　**3.** Nǐ yǒu méi yǒu diànyóu
4. wǎngba

어휘 늘리기 ● 컴퓨터 · 인터넷 관련 용어

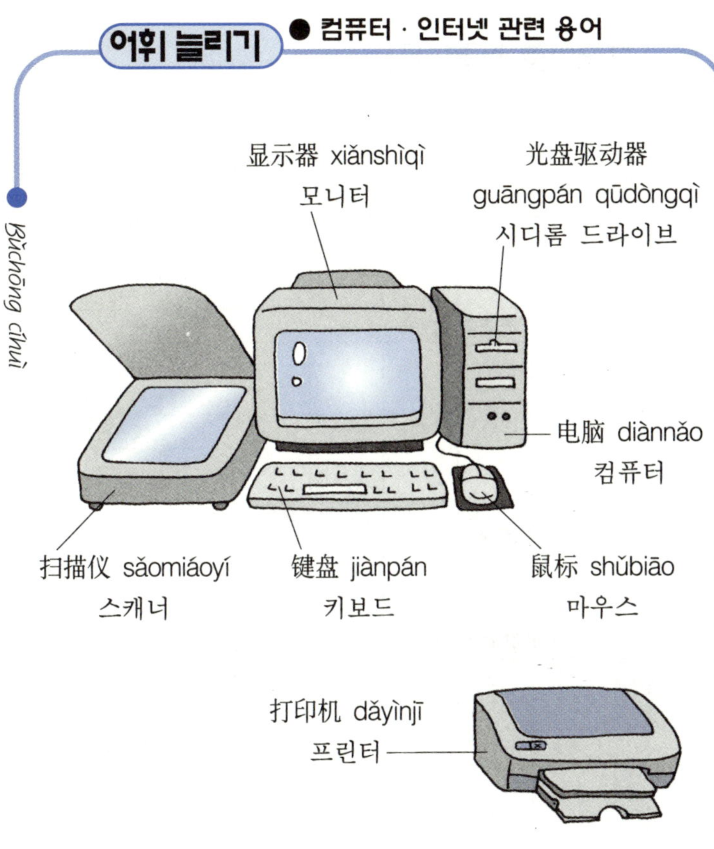

硬件 yìngjiàn 하드웨어	黑客 hēikè 해커
软件 ruǎnjiàn 소프트웨어	网页 wǎngyè 홈페이지
聊天室 liáotiānshì 채팅방	域名 yùmíng 도메인네임
光盘 guāngpán 시디롬 디스크	因特网 yīntèwǎng 인터넷
安装 ānzhuāng 인스톨	

邮	邮	邮					

丿 丆 冎 由 由 邮 邮　yóu　[郵 우]

漂	漂	漂					

氵 沪 沪 沪 漂 漂 漂　piào　[표]

后	后	后					

丿 厂 厂 斤 后 后　hòu　[後 후]

页	页	页					

一 一 丆 页 页 页　yè　[頁 혈]

脑	脑	脑					

丿 月 刖 胪 胶 脑 脑　nǎo　[腦 뇌]

购	购	购					

丨 冂 贝 贝 贩 购 购　gòu　[購 구]

物	物	物					

丿 牛 牛 牜 物 物 物　wù　[물]

网	网	网					

丨 冂 冈 冈 网 网　wǎng　[網 망]

笔	笔	笔					

ᄼ ᄽ 竹 竿 竿 笔 笔　bǐ　[筆 필]

记	记	记					

丶 讠 讠 记 记 记　jì　[記 기]

1. 중국 야후사이트에서 E-MAIL 만들기

우선 중국어 보기와 입력이 가능한 프로그램(IME ; Input Method Editor)을 설치해야 합니다. 프로그램 설치가 끝났으면 인터넷 전용 브라우저를 통해 중문 야후사이트에 접속하여 개인 이메일을 만듭니다.

❶ www.yahoo.com.cn에 접속하여 免费电邮(무료 이메일)을 클릭합니다.

❷ 我是新用户现在马上注册(나는 새 가입자로 지금 바로 등록하겠습니다)를 클릭합니다.

❸ Yahoo! 服务协议条款(서비스 이용약관)에 동의한다면 我接受(동의함)를 클릭합니다.

❹ 원하는 Yahoo! ID와 密码(비밀번호)를 입력하고 비밀번호의 보완을 위해 再次输入密码(비밀번호 재입력)합니다.

❺ 如果您忘记了密码(만약 비밀번호를 잊어버렸다면) — 이에 대비하여 야후에서는 생일, 우편번호와 아래 我们会问的问题(임의의 질문)으로 당신의 신분을 확인할 것입니다. 정확하게 답하게 되면, 당신의 다른 이메일로 비밀번호를 보내주므로 当前使用中的电子邮件地址(현재 사용중인 다른 이메일 주소)를 정확히 기입합니다.

❻ 个人帐户信息(개인 정보) 항목에서 이름, 국가, 성별, 직업 등을 입력합니다.

❼ 관심분야에 대한 서비스를 제공받기 위해 告诉我们您的爱好(좋아하는 분야를 알려주십시오)의 선택항목에 V 표시를 합니다.

❽ 정확하게 입력되었는지 다시 확인하고 送出表格(양식 제출)을 클릭하면, 드디어 중국 이메일 주소를 갖게 됩니다.

*注册用户(기존 가입자)는 ID와 비밀번호를 입력하여 직접 登入(로그인)을 클릭하면 됩니다.

2. 편지 관련 용어

邮票	yóupiào	우표
信纸	xìnzhǐ	편지지
信封	xìnfēng	편지봉투
邮政编码	yóuzhèng biànmǎ	우편번호
寄信人	jìxìnrén	발신인
收件人	shōujiànrén	수신인
信箱	xìnxiāng	우체통
邮递员	yóudìyuán	집배원
邮费	yóufèi	우표값
邮件	yóujiàn	우편물
平信	píngxìn	일반우편
快信	kuàixìn	속달우편
明信片	míngxìnpiàn	엽서
电报	diànbào	전보
邮政信箱	yóuzhèng xìnxiāng	사서함
航空邮件	hángkòng yóujiàn	항공우편물